教室で語り聞かせる こわ〜い話

子どもの心をつかむ 21世紀の怪談

山口 理【著】
さこやん【絵】

いかだ社

目次

はじめに

●なぜ、『21世紀の怪談』か

21世紀という言葉が、もはや未来を象徴しているものではなくなりました。現代はすでに21世紀の扉を開け放ったのです。文明が進歩し、科学技術、電子工学等の進歩はめざましく、ほんの少し前まで夢物語であったことが、次々と現実になってきている昨今です。

ですが、時代の流れにかかわらず、変わらないものも、たくさんあります。命が尊いものであること、美味しいものを食べたいと思う気持ち、木々の緑が心を穏やかにしてくれるという感覚。そして、子どもたちが、「コワイ話が大好き」であるという事実。

わたしは現在の作家業に入る前、長い間、小学校の教員をしていました。その初任のとき、ふとしたことから読み聞かせた怪談。そのときの子どもたちの反応が、あまりに大きかったことに我ながら驚いたものです。

「先生、その後どうなったの?」

「もっと聞かせて！」

話の後、子どもたちがワッと群がってきました。それからのわたしは、この怪談話を懐刀《ふところがたな》のようにして、時折取りだし、子どもたちとの人間関係を深めてきました。それが退職するまでの数十年間、ずっと続いたのです。

初めの頃は、いわゆる「怪談の名作・定番」の読み聞かせから入りました。それでも子どもたちは、大満足でわたしの〝コワイ話〟に聞き入ります。けれど、いくつもの作品を読んでいくうちに、それらがいくつかのスタイルにパターン化されていることに気がつきました。

「このままでは、いずれ子どもたちに、話の先を読まれてしまう」

要するにマンネリ化です。そこでわたしは、自分のオリジナル作品を考えるようになりました。話をしながら作っていく場合もありましたし、じっくりと時間をかけて作り上げたものもあります。正確に数えてはいませんが、その数、百編を越えていることは間違いありません。夜の学校を舞台にした話、トイレの話、幽霊屋敷の話、不思議な商店街の話等。ですが、やがてそれらよりも、現代っ子の心をとらえる設定があることに気づきます。それは、「現代っ子の感覚にマッチした作品」でした。そこで湧いてきたのが、この『21世紀の怪談』という発想です。

ファッション、現代スポーツ、芸能界、コンピュータ、デジタル家電、恋愛もの、ＳＦものなどがそれです。こうした、新鮮な視点で書いた作品には、もっと子どもたちを惹きつける力がある。わたしは長い間〝コワイ話〟の読み聞かせ及び語りを行ってきた中で、そう確信しています。

●子どもは〝コワイ話〟が大好き

教員時代、わたしは時間があれば、〝コワイ話〟の読み聞かせ・語りを行いました。ですがそれは、わたしが進んで行ったというより、子どもたちの方から要求されて……と言った方が正しいでしょう。授業の区切りになり、わたしがちょっと教室の時計に目をやると、「先生、あと十分あるよ」と、〝コワイ話〟を催促します。授業やテストが続き、子どもたちの集中力が限界にきているなと感じたときは、「さて、次の時間は何をするか」などと、探りを入れます。そんなとき、子どもたちの答えはたいてい決まっていました。

「〝コワイ話〟して！」

です。こうしたときは、しっかりと環境も整え、（詳しくは後述）腰を据えて、話を始めます。こうしたことが何度も続き、わたしも「子どもたち、よく飽きないなあ」と、苦笑することがたびたびありました。聞く側の子どもたちはいいのですが、こちらは大変です。次々とオリジナルの話を考えていかなくてはならないのですから。

子どもたちの反応は、話が終わった後も続きます。話し終わった後の休み時間になれば、すぐにわたしの周りに集まって、ピーチクパーチク始まります。

「先生、ぼくのお母さんもね……」

「わたしも似たようなことがあったの」

と、そこでまた話が盛り上がってしまうのです。

わたしは、高学年の担任をすることが多かったのですが、林間学校や、修学旅行などの時は、ますます大変です。実行委員の方で、「山口先生のコワイ話」などと、断りもなく夜の集いのプログラムに入れてしまうのですから。そんなときは、大広間で学年全体の子どもたちを相手に、〝コワイ話〟の語りをするハメになってしまいます。

長い間の教員生活の中で、子どもたちの雰囲気は時代と共に確かに変わりました。ですが、「オバケの話好き」、「コワイ話好き」なところだけは、少しも変わりません。きっと、これから先もずっと変わらないのではないでしょうか。

●子どもとの人間関係づくりに

わたしはこの、〝コワイ話〟を長年、学級づくり、子どもとの人間関係づくりに役立ててきました。

わたしのもとに、時々卒業した子どもたちから、クラス会や飲み会の誘いがかかります。するとその場で決まって話題にのぼるのが、〝コワイ話〟の思い出話。どの年代の子どもたちも、決まってそうなってしまうのです。それだけ、インパクトが強かったということでしょうか。

わたしは、〝コワイ話〟の力を借りることによって、子どもとの距離をグッと縮められたと思っています。また、子どもが家庭で喜々としてその話をすることで、保護者との距離も縮まったように感じています。

スポーツ、授業の技術、人柄、特技等によっても、子どもとの関係を深めることができます。そして、この〝コワイ話〟もそのひとつです。あなたもぜひこの本を、子どもとの関係を築き、より深めるために役立ててください。そのためのお手伝いができれば、これほど嬉しいことはありません。

この本の特色

①時間別に分けてあります。

10分、15分、45分、それぞれの時間で（あくまで標準時間です）読み切ることができるよう、区分しました。

②低学年～高学年まで使えます。

学年や必要に応じて、あなた独自の脚色を加えるのも、楽しいものです。

③【ト書き】により、読み方のポイントが、リアルタイムでわかります。

事前に一度、ト書きに従って読んでから、読み聞かせるとよいでしょう。

④ワンポイント解説入りです。

時間別、またひとつひとつの話ごとに、ワンポイントの解説を入れました。話を盛り上げるための一例として載せてあります。読み聞かせの参考にしてください。

⑤場面絵、紙芝居も作れます。

拡大コピーをして黒板に掲示したり、また紙芝居形式にして活用することもできます。そのために、挿し絵を１ページの大きさにしてあります。

⑥定番の設定もあります。

本書では、「トイレの壁に……」がそれにあたります。21世紀という視点の他に、子どもたちに根強い人気のあるシチュエーションも、加えました。

〝コワイ話〟読み聞かせの基本テクニック

1 読み聞かせの前に

①必ず話を一読して、イメージづくりを行ってください。そして、山場の場面をしっかりと頭に入れておくことが重要です。

②必要に応じて、挿し絵を拡大コピーし、場面絵を作成したり、後に述べる効果音などの準備をしたりします。

2 テクニック

①本文の【ト書き】を参考に、速さ、間の取り方、抑揚などに注意して読みます（**毛筆体**の太文字は、指示のト書きがなくても、ゆっくり読むようにしてください。強めたり、大きな声にする必要はありません）。

②時々は顔を上げ、子どもの顔を見ながら語り聞かせるように話をするのがベストです。

③とにかく『恥ずかしがらない』ことです。子どもたちは、オーバーなくらいに豊かな表現力を望んでいます。これは、少し回数を重ねれば、必ず慣れてきます。

3 いつ、どんな時間で

①授業の区切りで　10分、15分バージョンなら読み切れるでしょう。また、45分バージョンであれば、適当なところで「続く」となるわけです。

②総合学習などの時間で　「怪談について」調べ学習を行う子どもが現れるかもしれません。

③帰りの会で　10分バージョン程度なら可能でしょう。「朝の会」は避けた方がいいと思われます。

④たまには〝特設〟で　子どもたちが何かの行事で頑張った後や、集中力が途切れたときなど、たまには〝コワイ話〟の時間を特設してあげてもいいのではないでしょうか。ここでなら45分バージョンを一気に読み切ることも、十分可能です。

4 環境

①教室

本書は、教室で話をすることを前提にしています。実現可能な環境設定として、まず「カーテンなどで暗くする」ことがあげられます。普通教室のカーテンは、薄くて白いカーテンが一般的です。ですが、これですとあまり暗くするという効果は望めません。暗幕が使えれば、文句ありません。それが無理な場合、わたしは新聞紙で部屋を暗くする、というやり方をしたことがあります（少々、手間はかかりますが……）。また、学級だよりを通して、各家庭に「厚手の余り布があれば頂戴したい」と願い出たこともあります。そのときはかなりの布が集まり、ミシンでせっせと縫った記憶があります。それをその後、10年以上使わせていただきました。1セットあれば、とても便利です。

②座席

＊いつもと同じ、そのままの座席で
＊自由席で
＊机を後ろに片づけ、椅子だけで
＊机を後ろに片づけ、床に座らせて

③音響効果

＊靴音、ドアの開く音などの効果音（効果音CDが多くの学校にあります）
＊不気味なBGM

5 子どもの参加

いろいろな形で子どもを参加させると、話がさらにワクワクとしたものになります。

①事前に

＊場面絵、紙芝居づくり、効果音づくりなどを手伝わせる。その際、ストーリーが全てわかってしまわないような配慮が必要です。

②話の最中に

＊場面絵を黒板にはる

＊効果音のＣＤ操作

＊ＯＨＰの操作

③話の後で

＊話と似たような体験はないか、聞いてみる。また、そのような話を聞いたことはないか聞き、あれば簡単に話をさせます。

6 その他の留意点

①発達段階に合わせて

本書は、低学年から高学年まで、どの学年にどの話をしてもいいようにはなっていますが、子どもたちの発達段階に応じて、長さや内容を変えた方がよい場合も考えられます（表現の難易度など）。

②怖がらせすぎない

特に低学年や〝コワイ話〟が苦手な子に、配慮しなくてはなりません。低学年には怖さをマイルドにするような脚色を加えるのもいいでしょう。また、クラスの中に〝コワイ話〟の苦手な子がいる場合には、次のようにするのもひとつの方法です。

〝こわがりさん〟を、近くの席に集めて話をします。同類が一緒にいると、怖さがかなり減少するようです。また、それでもだめな場合は、その時間だけ、空き教室などで読書などをさせて待機させます。その際、別の時間にその子たちと一緒に遊んであげるなど、アフターケアが必要であることはいうまでもありません。

③子どもを利用しない

〝参加〟はよいのです。ここでいう〝利用〟というのは、「目の前にいる子どもたちを、話の中に取りこまない」ということです。

「（登場人物の）名前が、君と同じだね」とか、恐怖感を高める演出として、特定の子に「霊がとりついたのは……、ほら、君だよ」などと、言うのは、邪道といえます。子どもたちの前で行う〝コワイ話〟は、その場を楽しませることが目的であって、必要以上に恐怖心をあおり、しみつかせることは一切必要ありません。こうした行為は、〝コワイ話のルール違反〟だと、わたしは思っています。

④結果がわかってしまわない導入を

話の本筋に入る前に、いろいろなテクニックや小道具を用いるのはよいのです。ただ、それによって、話の内容や結末がわかってしまうようなものは、用いないことです。

10分間バージョン

10分間バージョンのポイント

低学年に読み聞かせる場合

●できるだけ、ゆっくり読む。

●なるべく「語り」の感じで、子どもの顔をしっかりと見ながら話すことを心がける。

●場面絵や紙芝居など、ビジュアルな提示を心がける（簡便な方法でよい）。

中学年以上に読み聞かせる場合

●「空いた時間に手軽に読む」感覚でよい。小道具は特に用いなくても子どもは十分、満足できる。

「ト書き」について

―――――――	声のトーンを落として少しゆっくりめに読む
…………………	少し速度を上げて読む
太ゴシックの箇所	強く大きめの声で読む
★印、……、1行あけ	間をあける

恐怖のなわとび

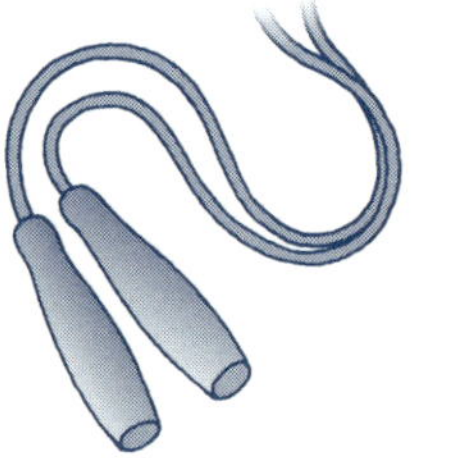

●読むに当たっての工夫例
なわとびの練習（遊んでいる）をしている子どもたちの様子を、ビデオで流す。そのときに、画面を見て「ほら、今、白い影がスーッと横切ったよ」などと、話に入る前の雰囲気づくりをしておく。

真希《まき》ちゃんは、ちょっと元気がありません。今日の体育が、なわとびだったからです。

「あ~あ、なわとびなんて、なければいいのに」

そう、真希ちゃんは、なわとびが大の苦手。みんなは、どんどんじょうずになっていくのに……。二年生で、前とびが十回とべないのは、真希ちゃんだけになっていました。

「なわとびがうまくなる方法、なんか、ないかなぁ」

そんなことをつぶやきながら、ひとりで下校していたときのことです。

「あれっ、こんなところになわとびが落ちてる。だれが落としたんだろう」

電柱のそばに、一本の短なわが落ちています。真希ちゃんは、それを拾いあげました。青くてきれいな、短なわです。

「わあっ、なんだか軽くてとびやすそう」

そんなことを言いながら、何気なくそのなわで、なわとびをしてみました。すると……。

「とべる！」

不思議です。ランドセルもしょっているのに、いつもよりずっと、らくにとべるのです。

「なんで？　どうしてとべるの？」

真希ちゃんは、ランドセルを地面におろし、ぴょんぴょんととんでみました。

「十回、十一回、十二回……」

今までどんなにがんばっても、とべなかった回数なのに、あっさりとべてしまいました。

（ち、ちょっと借りるだけならいいよね）

真希ちゃんは、その青いなわをランドセルの中におしこみ、走って家に帰りました。

「おっ、真希。がんばってるな」

お父さんが、会社から帰ってきました。真希ちゃんは、家の前の道で、なわとびの練習にむちゅうです。

「お父さん、見て、見て。ほら、こんなにとべるようになったんだよ」

うれしそうにそう言って、何度もとんで見せました。

「おっ、すごいじゃないか。ずいぶん急に、とべるようになったもんだな」

「うん、このなわを使ったらね、どうしてだか、すごくとべるの。不思議でしょう。もしかしたら、魔法のなわ……だったりしてね」

ちょっとおどけてみせる真希ちゃん。けれど、お父さんはなぜか「ふーん」と言ったきり、じっとそのなわを見つめています。そのとき、げんかんのドアが開きました。

「おかえりなさい」

お母さんでした。

「今日は、ずいぶん早かったのね。ちょうどおふろがわいたところよ。先に入って」

お父さんは、「そりゃ、ありがたい」と言って、家の中へ入っていきました。

真希ちゃんは、まだ練習しています。ばんごはんは、お父さんがおふろから出たあとなので、まだもう少し時間があります。

「ふうっ、三十回、**大成功!** やったあ。あたしって、**すごーい!**」

このまま練習すれば、百回だって、とべそうな気がしました。

「ようし、もう一度だ」

真希ちゃんは、気合いを入れてとびはじめます。

十回、二十回、三十回。まだとべます。五十回、六十回……。いくらとんでも体が軽く、本当に百回とべそうな気がしてきました。そのときです。もう一度げんかんのドアが開いて、お母さんの声がしました。

「真希ちゃーん、ごはんよ。早くいらっしゃーい」

ここでやめてしまうのは、もったいない気もしましたが、百回は、明日にとっておこうと、真希ちゃんは思いました。

「はーい、今、行きまーす」

ここでとぶのを、やめようと思いました。なのにどういうわけか、なわが止まりません。

「えっ、なに？　どうして止まらないの？」

すると真希ちゃんの足は、なわとびをしたまま、ぴょんぴょんと、通りの向こうがわへはねていきました。

「い、いやだ。どうなっちゃってるの？　**だれか止めて！**」

それでも、真希ちゃんのなわとびは終わりません。どんどんと先へはねていきます。このまま進めば、その先は用水路。★深い、深い用水路なのです。

なわを止めようと、必死にもがいていた真希ちゃんは、ふと背中に、冷たいものを感じました。その〝冷たいもの〟は、ゆっくりと背中から肩へのぼってきます。そして肩越しに、真希ちゃんの顔をぬーっとのぞきこんだのです。

「**ずっと、お友だちでいてね**」

キャーッという真希ちゃんの悲鳴が、夜の町に響きました。真希ちゃんの顔を背中からのぞきこんだのは、長い髪をした、青白い顔……。ニヤッと笑ったその顔が、真希ちゃんの背中にぴったりとはりついています。もう、声も出ません。恐怖に引きつった真希ちゃんの体は、用水路のすぐ手前まで来ていました。

「**あたし、さみしかった。これでやっとお友だちができる**」

まっ黒な用水路の水が、真希ちゃんのすぐ目の前にせまります。

「**いやっ！　やめて、やめて〜！**」

もうだめ……と思ったそのとき、真希ちゃんの体が、すうっと空中に持ち上げられました。

「あっ、お父さん！」

そうです。いやな予感がしていたお父さんは、おふろを出たあと、真希ちゃんのあとを追いかけてきたのです。

「よかったなあ、真希。もう、だいじょうぶだぞ」

お父さんの厚い胸の中で、真希ちゃんは恐怖にガタガタとふるえていました。★家にもどって、あのなわが拾ったものであることなどを話すと、お父さんは「やっぱり」と、何度もうなずきました。そして、静かな声で、こう言ったのです。

「まだ真希が生まれる前、なわとびの得意な女の子が、あの用水路に落ちて亡くなったんだ。道ばたに青いなわが残されていたんだけど、その子は今でも見つかっていない。きっと、さみしかったんだろう。真希に友だちになってほしかったんだろう。思えば、かわいそうな子だ」★

次の日、真希ちゃんとお父さんは、あの青いなわを用水路わきの小さな公園にうめ、手厚く葬ってあげました。それきり、真希ちゃんに不思議なできごとはおこらなくなりました。ただし、真希ちゃんのなわとび練習はまた、〝めざせ、十回〟になってしまいましたけれど……。

地獄行きのエレベーター

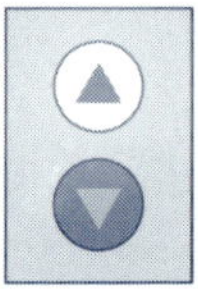

●読むに当たっての工夫例
ひとりの子どもを教室の前に出させ、しゃがませる。それを四～五人の子どもに取り囲ませ、じっと見下ろさせる。そして、しゃがんだ子どもに「どんな感じ?」と尋ね、その後で「これがみんな知らない人たちだったらどうだろうね……」と言って席に戻し、話を始める。前に出てしゃがませるのは、コワイ話の苦手でない子どもに限る。

朝から上機嫌の美保《みほ》ちゃん。それもそのはず、今日は、久しぶりに家族でデパートへ行くのです。

「美保、早くしたくしちゃいなさい」

「ちょっと待ってて。どのソックスをはいていこうか、迷ってるの」

おしゃれな美保ちゃんは、お出かけの時になると、いつもこんなふう。お姉ちゃんなんて、

「また、美保の『待ってて病』が始まった」なんて言っています。

どうにかソックスも決まり、やっと出発です。めざすデパートまでは、電車に乗って三十分ほど。それほど遠くではありません。

「わあっ、かわいいペン立て」

デパートに着くと、さっそく美保ちゃんは、ファンシーグッズ売り場でひっかかっています。

「ほら、美保。最初はお父さんのメガネを見る約束でしょ」

お母さんが、あきれたように言います。

「はいはい、そうでした。えーと、メガネ売り場は……」

「七階よ。そのあとは私の靴を見るんだからね」

お姉ちゃんが、美保ちゃんの顔の高さにしゃがんで、念を押しました。

「わかってるってば。あっ、ちょうどエレベーターが来た。ほら、みんな早く乗らなくちゃ」

走り出す美保ちゃん。飛びこむように、そのエレベーターへ乗り込みます。と、すぐに扉が閉まり始めました。

「あっ、まだうちの人たちが……」

残念。間に合いませんでした。美保ちゃんが、ちょっとあわてすぎたのかもしれません。★スーッと動き出すエレベーター。中には、五、六人の人が乗っています。

(ケチな人たちだなあ。ちょっとくらい待ってくれてもよかったじゃない。あーあ、あたしひとりになっちゃった)

そんなことを思いながら、美保ちゃんは、七階のボタンを押そうとしました。

「えっ、な、なに、このエレベーター」★

いったい、どういうことでしょう。美保ちゃんが押そうとした七階のボタンがないのです。

いいえ、それどころではありません。このエレベーターに付いているボタンは、たったの一つ。

それも「?」のマークがついているだけで、何階なのかもわかりません。

そのとき、頭の上の方から、低い声が聞こえてきました。

「**おじょうちゃん。まだ若いのに、かわいそうにねえ**」

女の人の声もします。

「**〝若い〟なんてものじゃないわよ。こんな小さい子。★ホント、気の毒だわ**」★

美保ちゃんは、小学校二年生。〝小さい子〟にはちがいありませんが、〝かわいそう〟とか、

〝気の毒〟というのは、いったいどういう意味でしょう。美保ちゃんは、そっと顔を上げて、
声のした方を見上げました。

「はっ……」

思わず美保ちゃんは、息をのみました。まわりを取り囲んでいる大人の人たちが、みんな二

ヤニヤと不気味な笑いを浮かべて、じっと自分を見下ろしているのです。

(なんかいやだなあ、この人たち。気味が悪い)★

美保ちゃんは、早くこのエレベーターから出たいと思いましたが、いったい何階に着くのか、見当もつきません。美保ちゃんは、思い切って聞いてみることにしました。

「あのう、七階で降りたい……」

そう言って、もう一度顔を上げた美保ちゃんの目に、世にもおそろしいものが映りました。血のように真っ赤な目。耳まで裂けた口。ツンと高くとがった耳……。

「**キャーッ!**」

美保ちゃんが叫んだとたん、エレベーターの扉が開きました。転がるように外へ飛び出す美保ちゃん。心臓は、まるで早打ち太鼓のよう。

「ああ、びっくりした。……でも、ここはどこ?」

そこは、とてもせまい部屋でした。四角くて、窓のない部屋……。そう、ここもエレベーターだったのです。さっきとは違う、灰色でぬられたエレベーター。

「なんなの、どうなってるの、いったい。早く七階に行かなくちゃ」

ボタンをさがすと、このエレベーターにもボタンは一つしかありません。それも、下向きの矢印が付いたボタン。

「んもう、わけわかんない。とにかく押してみよう」

すると、スーッと下へ降りていく感じがします。

「下へいっちゃうのかぁ。でもいいや、扉が開いたら、だれかいるわよね。それにしても、さっきの人たち、なんだったのかしら」

美保ちゃんの頭の中には、さっきの気味の悪い人たちの顔と、「かわいそうに」というあの言葉が、ぐるぐる回っていました。

「あれっ、気のせいかなあ」

気のせいなんかじゃありません。エレベーターの中の明かりが、少しずつ暗くなっていくのです。だんだん暗くなって……。やがて、真っ暗やみになりました。

「**いやだ、いやだぁ! お父さん、お母さん、お姉ちゃん、助けて!**」

いくら叫んでも、返事はありません。いったいこのエレベーターは、どこまで下がっていくのでしょう。と、そのとき、またもや美保ちゃんの頭の上で、低い声が海鳴りのように響きました。

「よく来たね、かわいい女の子」

天井を見上げた美保ちゃんは、体中が凍りついたようになり、声をあげることもできません。

そこには天井いっぱいに、緑色の大きな顔が広がっていたのです。

「間違えてまぎれこんだようだね。だけどだめなんだ。たとえ間違いでも、うっかりこのエレベーターに乗ってしまったら、どうしようもないんだよ」

その顔は、不気味に笑い、こんな言葉をつけ足しました。

「ようこそ、地獄行きのエレベーターへ」★

美保ちゃんの行方は、それきりだれにもわからないそうです。

テレビの中のあいつ

●読むに当たっての工夫例
自分の手元にテレビのリモコンを置いておき、それを小道具として使う。スイッチを入れると恐ろしい場面が現れるよう、ビデオを併用すると一層効果的。

「アハハハ、おもしろーい、この番組」

弘紀《ひろき》が家でテレビを観ていると、お母さんが、少しふるえる声でこう言った。

「お母さんとお父さんは、急用ができて、ちょっとでかけてくるわ。弘紀はお留守番をしててちょうだい」

妙にあわてた様子。二人そろって、大急ぎで家を出ていった。

「こんな夜に、何があったんだろう。理由も言わないで行っちゃった。……まあ、いいや」

ひとりきりの夜も、テレビがあれば、さみしくなんかない。

両親が出かけてから間もなく、弘紀は「あれっ？」と、首を傾げた。

「どうしたんだろう。テレビの調子がおかしいぞ」

さっきまでやっていたバラエティ番組。それを観て大笑いをしていた弘紀だった。だが、その番組が時々プツッ、プツッととぎれる。さらに画面にザーッと雨のようなすじが入る。

「なんだよう、買ったばっかりじゃんか、このテレビ！」

そんなもんくを言って、リモコンのボタンをカチャカチャと乱暴に押す。と、そのとき、と――つぜん画面が真っ白になった。

「あーあ、こわれちゃった」

弘紀がテレビに近寄ったその瞬間、そのテレビからこんな声が流れてきた。

「もっと、こっちへ来て」★

その声と同時に、ぼうっと人間の顔が映し出された。小学校中学年くらいの男の子だ。どこかで見たような気もするのだが、思いちがいだろうか。

「な、なんだ、このテレビ。気持ち悪いな」

そう思って、テレビから離れようとした弘紀だったが、どういうわけか、体が動かない。まるで、かなしばりにあったようだ。

「くっ、くく。ど、どうなってんだ」

すると次の瞬間、テレビの画面から、ニュッと一本の細い腕が伸びてきたのだ。

「うわ、うわ、うわ～！」

動けない。その腕が、どんどんせまる。そして、弘紀の右腕をギュッとつかんだ。

「は、離せ、離れてくれぇ！」

けれど、その腕は離れない。グイグイと、弘紀を画面の中に引きずり込もうとする。

「ねえ、友だちだろう？　ずっと前から友だちだったじゃないか。一緒に来てよ」

画面の顔が、ニヤッと笑う。弘紀が悲鳴のような声を上げた。

「やめろ。お前なんか知らない！」

すると、画面の中の顔が、フッと悲しそうな表情になった。それと同時に、自由のきかなかった弘紀の体に、力がよみがえる。

「く、くっそう。リモコン……」

動くようになった左手で、弘紀はテーブルの上の、リモコンを取った。ボタンをむちゃくちゃに押す。スイッチを切りたいが、ボタンの位置を確かめている余裕などない。そのとき、★パッと画面が変わった。とたんに弘紀の右腕をつかんでいた手が、スッと消えた。

「やった、消えたぞ。……それにしても、今のはいったいなんだったんだ」

　テレビの画面は、いつの間にかニュースに切り替わっている。放心したように、その場に座りこむ弘紀。その目と耳に、ニュースはこんな事実を伝えた。

「今日、午後五時半頃、○○市の県道で交通事故があり、小学校三年生の梅本健太《うめもとけんた》君が、大型トラックにはねられました。病院に運び込まれましたが、二時間後の午後七時三十分頃、健太君は亡くなりました」★

　その画面に映し出された『健太君』という子の写真を見て、弘紀の背中に、ゾゾッと冷たいものがはい上がった。その顔は、まぎれもなく、たった今、自分をテレビの中に引き込もうとしたその顔だったのだ。

「梅本健太……。どこかで聞いたことのあるような……」

　そのとき、玄関のドアが静かに開いて、父と母が帰ってきた。

「ただいま。実は健太君が交通事故にあったって連絡があったので、急いで病院に行ったんだ。だけど、だめだったよ。かわいそうに」

　父が、肩を落としてそう言った。その〝健太君〟という響きに、弘紀の全身に、またも寒気が走る。

「け、健太君ってだれ？　なんでその子のこと、知ってるの？」

母の言葉は意外だった。

「なに言ってるの。弘紀のいとこじゃないの。まあ、ずっと会っていなかったから、わからなくてもしかたないけど」

そう言って、ぶ厚いアルバムを取り出す母。

「ほら、この子よ。小さい頃、よく一緒に遊んだじゃないの」

弘紀は、小さく「アッ」と声を上げた。それは弘紀がまだ幼稚園にあがる前の写真。そして、そこに写っているのは自分ともうひとりの男の子。よく見ると、テレビの画面に現れた〝あの子〟の面影がたしかにある。

（そうだったのか。死ぬ前に、ぼくに会いに来てくれたのか……）

そう思うと、さっきまでの恐怖が、すうっとうすらいでいく。

その夜、弘紀はなかなか寝つけなかった。どうしても、健太の顔がよみがえってきてしまう。そして、「せめて話だけでも聞いてあげればよかった」と、悔やんでしまうのだ。

（……のどがかわいたな）

階段を下りて、台所へ向かう。時計を見ると、午前一時四十分だった。

「あれっ？」

弘紀は首を傾げた。みんなもうとっくに寝たはずなのに、居間にボウッと明かりがついている。

「あーあ、だれだい、テレビを消し忘れてるのは」

つけっぱなしのテレビでは、外国の古い映画をやっている。弘紀は、スイッチを切ろうとリモコンを取った。そのときだ。テレビの画面がパッと変わり、あの健太が現れたのだ。トラックに潰されたのか、顔の右半分がない。そして今度は、目にも止まらないはやさで腕が伸び、弘紀の左足首を強くつかんだ。叫びたくても、声が出ない弘紀。そして、テレビの中の健太は、こう言った。

「ありがとう。『話を聞いてあげればよかった』って、思ってくれたんだね。じゃあ、ぼくの話をゆっくり聞いてね」★

弘紀の体は、ズルズルとテレビの中に引き込まれた。そして、★テレビのスイッチが切れた……。

呪われたテレビゲーム

●読むに当たっての工夫例
「テレビゲームのソフトを、十個以上持っている人！」と尋ねる（テレビゲームを持っていない子どもがいる可能性もあるので、こうした尋ね方にする）。さらに、お話に出てくるようなソフトを持っている人はいないかな」と投げかけて、話に入る。

ほうきが飛んできた。ガツンと信也《しんや》の足に当たる。

「あっ、わりいわりい。ゴミをはいてたら、つい手がすべっちゃってな」★

俊彦《としひこ》だった。この俊彦は、何かにつけて信也に意地悪をする。この前も、給食のおかずの中に、わざと牛乳をこぼした。その前には信也のメガネだとわかっていて、落とし物箱の底にかくした。だから、信也は毎日があまり楽しくない。

そんな信也だったが、その日は朝から上機嫌だった。テレビゲームのソフトが安く買える店を見つけたからだ。友だちの少ない信也は、テレビゲームが大好き。一日中やっていても飽きないくらいだ。

学校帰りの道で、一本の電柱にその店の広告が載っていた。信也はこっそり、その広告をはがし、ランドセルの中にしまい込んでいた。

「**あっ、ここだ。**……う〜ん、こんなところにこんな店があったかなあ」

少し不思議な気もしたが、今の信也にそんなことはどうでもよかった。★それにしても、ふつうのゲームソフトの店とは、ずいぶん感じがちがう。間口が狭く、たてに細長い店。開けっ放しの入り口から、中に入ってみた。店の奥に、薄気味悪い人形が立っている。

「何だか、へんな店だな。それにしても知らないソフトばっかりだ」

信也は、興味津々でショーケースの中をのぞきこんでいる。店の奥から人の出てきたことにも気づかない。

「君は、どこでこの店のことを知ったんだね」

急に声をかけられて、信也はビクッと顔を上げた。店の主人だろうか。ずいぶん小柄だ。

「こ、広告です。電柱の広告で……」

すると店の主人は、「ふむ」と鼻を鳴らして、信也をじろっと見た。

「君は毎日、ずいぶんといやな思いをしているようだね。だったら、このソフトが面白いよ。気分がスカッとする。まあ、だまされたと思ってやってみなさい」

おかしなことを言う人だとは思った。けれど、どれを見ても知らないソフトばかりだ。それならば、この人のすすめるソフトでもいいかな……。改めてパッケージを見る。『あいつは敵だ――にくいあいつをやっつけて、気分スッキリ――』そんなタイトルが、今の信也の気分にぴったりだった。

「安くしとくよ。三百円」

「さ、三百円!?」

その安さにはびっくり。けれど、安いにこしたことはない。信也はうれしさをかみ殺すようにして、そのソフトを買い求めた。店の主人は信也に背中を向けてニヤッと笑った。★

飛ぶようにして家へ帰った信也は、さっそく今買ってきたばかりのゲームを始めた。

「ふーん、こいつが敵か。あんまり迫力ないなあ」

期待していたほどじゃない。そう思って始めたゲームだったが、進めていくうちに、だんだん面白くなってきた。思い通りに、にくい敵をバッタバッタとやっつけられるのだ。〝三十分以内〟と決められているゲームの時間だったが、どうにもやめられなくなった。母は用事で出かけて、家にはいない。それを幸いに、一時間、一時間半とゲームを続ける。とうとう、頭が

痛くなってきた。それも、はんぱな痛さじゃない。割れるような痛さだ。

「ふうっ、いくらなんでもちょっとやり過ぎか。……それにしても、頭が痛い」

その頭の痛みは、時間を追うに従って強くなっていく。食事もできず、早い時刻にベッドへ倒れこんだ信也は、その夜、激しくうなされた。夢の中に不気味な男が現れて、「**そのゲームを、お前がやってはいけない**」と、信也をおどすのだ。

翌朝、目が覚めても頭の痛みはとれない。その日、信也は学校を休んだ。

信也の家は、両親共稼ぎ。だから、昼間は信也ひとりが家にいる。十時近くになる頃、だいぶ、頭もスッキリしてきた。こうなると、どうしてもテレビゲームが気になってしかたない。

「ちょっとだけ」と、自分に言い聞かせ、信也は昨日の続きを始めた。するとゲームを始めて十五分もしないうちに、今度はひどい腹痛に襲われた。

「いたたた。ど、どうしたっていうんだ、いったい」

あまりの痛さに、おなかを押さえてのたうちまわる信也。次の瞬間、信也の口から、真っ赤な液体が噴き出た。血を吐いたのだ。テレビのまわりが、真っ赤な血でそまる。

「お、お母さん、帰ってきて……」

やっとのことで、信也は母の勤め先に電話をかけた。母が帰ってくるまでの間、痛みにもがき苦しみ続けながら、信也はまぼろしを見た。昨日の夢に出てきたあの不気味な男が、またも現れて、こう言ったのだ。

「**お前がやってはいけない。今度やったら、お前は死ぬ……**」

結局、信也は病院へ運ばれた後、医者から「三日間、家で安静に過ごすように」と告げられる。家で寝ているのはたいくつだ。かと言って、もうあのゲームをする気にはなれない。★そんなある日の午後、玄関のチャイムが鳴った。「だれだろう」と、ドアを開けると、そこにはなんと、俊彦がいた。

「おう、どうだい。元気になるように、見舞いに来てやったぞ」

そう言って、ずかずかと上がりこむ。家にあったお菓子を勝手に食べ、寝っ転がってマンガを読んでいる。

（ちぇっ、何が『見舞いに来てやった』だよ。まったく、どこまでいやなやつなんだ）

信也がそう心の中でつぶやいたそのとき、俊彦の目が、テレビゲームに向いた。

「おっ、何だこのソフト。見たことねえな。これ、ちょっと貸してくれよ」

あのソフトだ。そのとき、信也の頭の中で声がした。

【**貸してやれ。貸してやれ**】

「あ、ああいいよ。そのソフト、けっこう楽しいんだ」

頭の中の声にうながされ、信也は〝あのソフト〟を、俊彦に貸した。

次の日、俊彦が学校を休んだ。信也は「まさか」と思いながら、下校のとちゅうに、俊彦の家へ行ってみた。

そう、俊彦の家の前に、白い救急車が止まっている。

「あれっ、救急車……」

（もしかして、俊彦が……）

そう思ったそのとき、信也は見た。俊彦の家の玄関に、不気味な姿をした半透明の男が立っているのを。

（どこかで見た……、**あっ！**）

信也は思い出した。それが、夢の中に出てきた男であることを。そして、あの店の奥に立っていた、薄気味悪い人形であることを。★信也が体をかたくして見つめていると、半透明の男は、

ゆっくりと信也に近づいてきて、こう言った。

「ちゃんと説明書を読んでから、ソフトを使え。あのソフトは、こうやって使うものなんだよ」★

それきり、俊彦が学校へ戻ってくることはなかった。

15分間バージョン

15分バージョンのポイント

●低学年に読み聞かせる場合には、やさしい言い回しに直して読むとよい。

●1〜6年生まで使えるが、学年に応じた多少のアレンジをすると、子どもたちをさらに惹きつけることができる。

●学年によっては（特に低学年）、「ネイルアート」「パソコンを立ち上げる」などの用語を、読む前または読んでいる途中で説明する必要がある。

「ト書き」について

―――――――	声のトーンを落として少しゆっくりめに読む
………………	少し速度を上げて読む
太ゴシックの箇所	強く大きめの声で読む
★印、……、1行あけ	間をあける

ケータイ、欲しい！

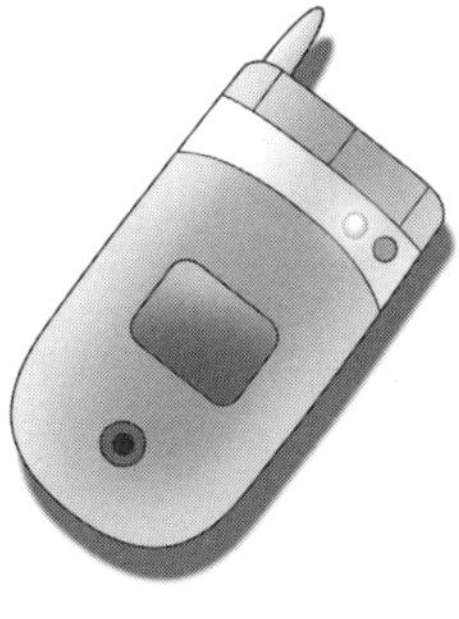

●読むに当たっての工夫例
携帯電話を二台用意し、話の山場で一台の携帯電話の着信音を鳴らす。一台のみを使うときは、効果的な場面で鳴るようにあらかじめセットしておく。なるべく手元から離れた場所で鳴るようにするとよい。

あさみは、今日も母につきまとっている。

「ねえ、買ってよ、ケータイ。真美《まみ》だって、彩佳《あやか》だって持ってるんだよ」

「人は人でしょ。四年生にケータイなんて、まだ必要ないわよ」

同じような会話が、これまでに何度繰り返されたことか。おまけに今日は、六年生になる姉のなつみまでが母に味方している。

「お母さんの言うとおりよ。あたしだって、六年生になって、やっと買ってもらったんだから。四年生がケータイなんて、な～まいきよ」

「ふん、お姉ちゃんの時とは、時代がちがうのよ。そんな、**ずーっと**昔とは**ね**」

「ちょっと、なによ、その言い方は。たった二年しか違わないじゃないのよ。第一ね……」

母が「ストップ」と、二人の間に割って入った。

「まったく、朝からなにケンカなんかしてるのよ。ほらほら、早く学校へ行って!」

あさみとなつみは、プイと背中を向け合って、ランドセルをしょった。

(**べーだ**。お姉ちゃんなんか、**大嫌い!**。バーカ!)

二人は、時間差をつけて、別々に登校した。


その日、あさみが家に帰ると、だれもいなかった。なつみはブラスバンド部の練習で遅いのはわかっている。しかし、いつもいるはずの母までいない。(買い物にでも行ったかな)★あさみは背中からランドセルをおろすと、冷蔵庫に直行だ。

「**やった〜**。フルーツゼリー、**発見!**」

おいしそうに食べ始めるあさみ。と、そのとき、テーブルの上に見なれないケータイを見つけた。パールホワイトの新品だ。

「あれ、これだれのケータイだろう。お姉ちゃんのは赤いやつだし、お母さんのはブルー。お父さんのはシルバーだったし……。あっ、そうか。お母さん、この前『そろそろケータイ、変えようかしら』なんて言ってたっけ。★ふーん、これにしたのかあ」

ここで、あさみのいたずら心が、ちらっと顔をのぞかせた。

「ちょっとくらい、いいよね」

ふだんはなかなか、さわらせてももらえないケータイだ。だれもいないとなれば、使ってもみたくなる。

「うーん、だれに電話しようかな。……あっ、そうだ」

あさみは、ともだちの麻理菜《まりな》に、このケータイから電話をしてみようと思った。麻理菜もケータイがほしくてたまらない、いわば〝同類〟なのだ。

「あ、もしもし、麻理菜ちゃんのおたくですか?」


【……電話してくれて、ありがとう】


一瞬、あさみの背筋がゾクッとした。聞いたことのない声……。あさみは麻理菜の家の人のことなら、よく知っている。けれど、今電話に出たその声は、まるで知らない声だった。

小さな女の子のような声。

「あ、あの……。麻理菜ちゃん、いますか?」

しかし、電話の声は、それには答えなかった。

【あたしと友だちになってね。今夜、遊びにいくからね】

「えっ、ど、どなたですか？　麻理菜ちゃんは……」

そこで電話が切れた。かすれるような、すすり泣くような、そんなか細い声だった。

(だれだったんだろう。確かに麻理菜の家にかけたはずなのに)

送信履歴を調べてみる。番号は間違いなく、麻理菜の家の番号だ。かけ違いではない。

(それじゃ、今のはいったい……)

そのとき、家の電話が鳴った。母からだった。

「あさみ、よく聞いて。お姉ちゃんが、ブラスバンドの練習中に倒れたって、先生から連絡があったの。それでお母さん、急いで学校に来たのよ」

ということは、下校中に、母と行き違いになったのだろうか。

「それでね、具合がよくないので、病院に連れてきてるの。ちょっと遅くなるかもしれないけど、ちゃんと留守番していてね」

声が少し、ふるえていた。時刻は、五時二十分。

その後、何の連絡もないまま、時間だけが過ぎていく。六時、七時……。

（連絡、来ないなあ。お姉ちゃん、だいじょうぶなのかしら。お父さんは、今日も遅いのかな）

いろいろな思いが、洗濯機の渦のように、あさみの頭の中をぐるぐるとかけめぐった。★

時計の針が、八時を少し回った頃のことだった。とつぜん、玄関のチャイムが鳴った。

「はい、どなたですか？」

返事がない。シーンと静まりかえったままだ。

（おかしいな。たしかに鳴ったはず……）

と、そのとき、玄関のドアノブが、ガチャガチャと音をたて始めた。

（な、なに？　どろぼう？）

思わず、後ずさりするあさみ。……やがて、音が止まった。

（ああ、よかった。いったい、何だったんだろう）

ホッと胸をなで下ろす。けれど、次の瞬間、今度は居間の窓ガラスが、ガタガタと大きな音を立てて、鳴り出した。体が凍り付いたように動かない。鏡に映ったあさみの顔からは、すっかり血の気が失せていた。と、突然、ケータイから声が聞こえてきた。さっき、確かに電源を切ったはずの、あのパールホワイトのケータイから……。

【**中に入れてよ〜。遊びにきたんだよ〜**】★

あの声だった。あまえるような、ねばつくような、小さな女の子の声……。あさみの体は、恐怖でガクガクと震えた。鏡に映った顔は、恐怖に引きつっている。

と、いきなり天井の一部が**ガタッ**とはずれた。そして、それがズズズッとずれていく。まるで、マンホールのフタを、内側から開けていくように。そして二十センチほど開いたころ、その真っ暗なすき間から、細く、真っ白い手がゆっくりと伸びてきた。

「**キャアアアアアーッ！**」

あさみの悲鳴が、家中に響いた。よろけるように、キッチンに逃げ込む。すると、今度はキッチンの床下収納のフタが、ガタッとはずれ、ここからも白い手がニューッと伸びてきた。もうあさみは、声も出ない。歯だけが、どうしようもないほどにガチガチと鳴る。キッチンを通って逃げ込める場所は……。

（お風呂場だ！）

浴室のドアを開け、勢いよく中へ飛びこんだ。シーンとした静けさが戻ってくる。

「もう、いやだ。なんなのよ、これ。なんでこんな目にあわなくちゃならないのよ」

涙声でそうつぶやいたあさみの耳に、異様な音が低く、響いてきた。

ゴボゴボ……。音のする方を見る。すると、風呂の水がみるみる減っていく。ぼう然とそれを見つめるあさみ。その顔が、またも恐怖に包まれる。

「やめて、もうやめてぇ。お母さん、帰ってきて！」

浴槽から水が流れ落ちると、今度は細く、長い髪の毛が、へびのように排水溝からはい上がってきた。もう、ここにもいられない。浴室を出て、再びあさみは居間にもどった。と、そのとき、またもケータイから声がした。★しかし、今度はさっきとは違う場所から聞こえてくる。

「どこ？　どこにあるの？」

それは、サイドボードの上にあった。赤いケータイ……。

「お姉ちゃんのケータイだ！」

いつもなら、自分の部屋に置いてあるなつみのケータイが、そこにあった。そして、聞こえてくる声も、聞き覚えのある、なつみの声だった。

「あさみ、落ち着いて。その白いケータイに向かって、ゆっくり言うの。『みんなあなたの友だち。だから、安心して帰っていいのよ』って。いい？　ゆっくり、はっきり言うのよ。さあ、早く！」

天井から下がっていた手は二本になり、長い髪の毛もダラリとたれ下がっている。このままでは、もうすぐ〝あの女の子〟は、居間に降りてくるだろう。あさみは、なつみの言葉に従った。

「み、みんなあなたのお友だちよ。だ、だから、安心して帰ってちょうだい」

声がのどの奥に引っかかって、うまく出てこない。けれど、あさみのその言葉に、手の動きが、ぴたりと止まった。

（うまくいくかも……）

二回目は、さっきよりはっきりとした声が出た。

「みんなあなたのお友だち。だから、安心して、帰っていいのよ」

すると、一瞬ためらったような動きをしたその手は、やがてゆっくりと天井裏へ上がっていった。キッチンへ行ってみる。そこの〝手〟もまた、向こう側から引っ張られてでもいるように、スルスルともとの場所へもどった。浴室の髪の毛も同じだった。

（ああ、もうだいじょうぶだ。ありがとう、お姉ちゃん……）

あさみは、放心したように、ぐったりとその場にしゃがみこんだ。

「ただいまぁ！」

いきなり、元気な声が玄関から飛びこんできた。なつみだった。母もいっしょだ。その声を聞き、姿を見ると、あさみの目から、ドッと涙があふれた。

「お姉ちゃん、ありがとう。ごめんね、『バカ』なんて言って。こわかったよう」

そんなあさみのようすを見て、なつみと母は、きょとんとしている。

「どうしたの、あさみ。あんた、おかしいよ」

あとで聞いた話によると、なつみは食あたりで腹痛を起こしただけだった。ただ不思議なのは、なつみがケータイを通して、あさみに話しかけたことなどないということ。それに、二人が帰ってきたときには、あのパールホワイトのケータイが、どこにもなくなっていたこと。そしてなによりわからないのは、〝あの女の子〟がいったいだれで、どうして、あさみの家にやって来たのかということだった。

それから間もなく、あさみの家はいつものペースにもどった。

「あっ、あさみ。またセロリ残してる」

「いいでしょ。お姉ちゃんだって、鳥肉残してるじゃん。人のことは言えないよーだ！」

こうして今日も、あさみとなつみの言い合いは続くのだった。

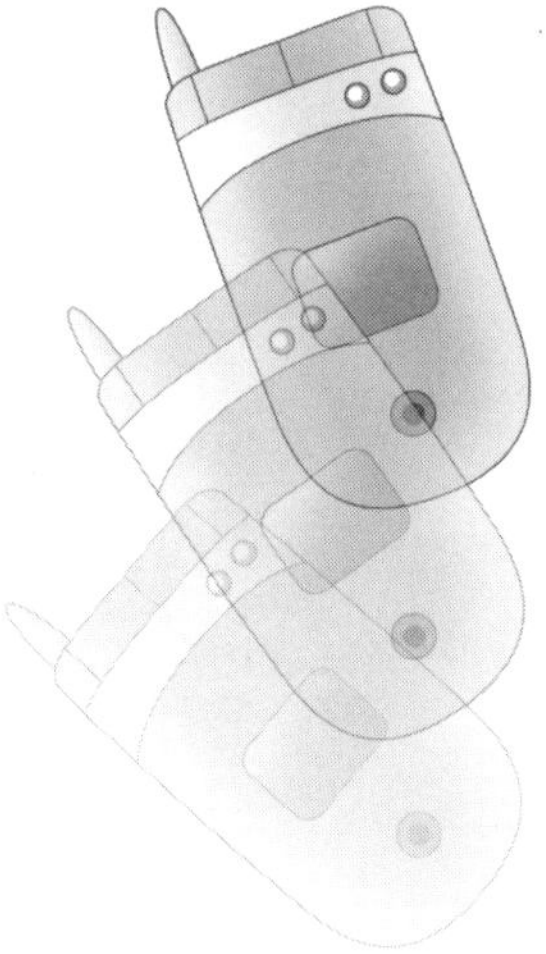

悪魔の住む、コンピュータ室

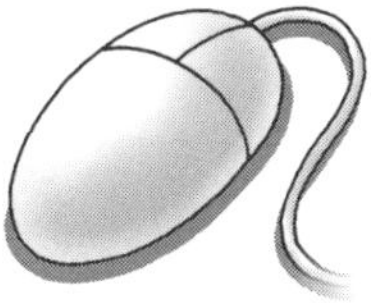

●読むに当たっての工夫例
手提げバッグを用意し、教卓の上に置く。「このバッグ、何だか不吉な予感がする……」と、話の中でこれを活用する。子どものバッグを借りて話に入るのは、避けた方がよい。

時刻はもう五時近くになっていたが、学校の門はまだ閉まっていないはずだ。ブラスバンド部がまだ練習をしているはずだから、きっと昇降口も開いている。尚人《なおと》は自転車を飛ばして、学校へと急いだ。

学校までは、自転車なら十分もかからない。

「おっ、開いてる、開いてる」

思った通り昇降口にカギはかかっていなかった。それに校庭では、まだ何人かの高学年がサッカーをして遊んでいる。尚人は、だれにも見つからないように、そっと昇降口から校舎へ入りこんだ。本当なら、下校した後で校舎へ入るときは、正面玄関から入り、事務室に理由を言ってから中へ入らなくてはいけない。けれど尚人は、それをしなかった。事務室から担任の先生に連絡されると、面倒だと思ったからだ。

尚人は、パソコンおたくの五年生。暇さえあればパソコンの前にいて、モニター画面とにらめっこをしている。キーボードとマウスがいちばんの友だちという、ちょっと変わり者だ。しかし、〝おたく〟というだけのことはあって、知識も腕前も、かなりのもの。六年生だってかなわない。

「あっ、しまった。忘れ物、してきちゃった」

その尚人が、困った顔でため息をついた。明日提出の宿題を、教室の机の中へ置いてきてしまったのだ。

「やっていかないと、まずいよなあ。おとといも宿題忘れを注意されたばっかりだし……」

しばらく考えてから、尚人は結論を出した。

「よしっ、学校へ取りに行こう」

ゆっくりと階段を上がる。尚人の教室、五年二組は三階にある。だれもいない校舎は、夜でなくてもなんとなく不気味だ。うわばきのゴム底が、時々キュッキュッと音を立てる。

「あれっ、おかしいな」

尚人の目に飛びこんできたのは、コンピュータ室の入り口だ。いつもなら、授業で使った後は必ず閉まっているはずの入り口が開いている。〝パソコンおたく〟の血がさわぐ。

「ちょっとだけ、見てみようかな」

そんなひとりごとを言って、尚人は足音をしのばせてコンピュータ室に近づいた。

「失礼しま〜す……」

小声でそう言って、おそるおそる中をのぞき込む。★だれもいない。先生が、カギを閉め忘れたのだろうか。なんにしても、尚人にとってはズラリと並んだパソコンが、宝の山のように見えたことは確かだ。こうなると、行動が大胆になる。よくカメラマンが、ファインダーをのぞくと、突然行動が大胆になると言うが、今の尚人はそれと同じだ。

ゆっくりと中に入っていく。と、尚人は立ち上がったままになっている一台のパソコンに気がついた。

「しょうがないなあ。シャットダウンしないで帰ったヤツがいるんだな」

そのパソコンに近づく。そして、そっとマウスを動かした。すると、いきなりメールソフトが立ち上がった。

「あれれっ、これ、故障してるのかな?」

学校のパソコンのメール機能は、子どもには自由に使えないようになっているはずだった。それが突然現れたのだから、尚人の興味をそそらないわけがない。いつの間にか、どっかりそのパソコンの前に腰をおろしていた。

「へへっ、面白そうだぞ。試しにちょっと打ってみるかな」

尚人は、自分の家にメールを打ってみることにした。自分の家になら、だれにも迷惑をかけないだろうし、もし万が一、後でばれたとしても、何とかいいわけができるだろうと考えたからだ。

「ええと、なんて打とうかな。……あ、そうだ」

尚人はこんな文章を作成した。

【おめでとうございます。当社のキャンペーンで、百万円が当たりました。一週間以内にお届け致しますので、どうぞお楽しみに】

家のだれかがこのメールを見たら、どんな顔をするだろう。それを思うと、尚人はゆかいでならなかった。

「さてと、これくらいにしておかないと、先生に見つかったら大変だ」

急いでシャットダウンして、そっと席を立つ。しかし、入ってきたドアの前で、尚人はちょっと首をひねった。★

（あれっ、★確かに閉めたと思ったんだけど、入り口の戸が開いてるぞ。おかしいな……。まあ、いいや）

それきり気にもとめず、コンピュータ室を出る。そして自分の教室へ行き、忘れ物の総合のレポートを持って、学校を出た。

家に帰った尚人は、落ち着かなかった。「だれがメールをチェックするのかな」などと考えていると、楽しくてたまらないのだ。たいていは毎日、父か尚人がチェックするのだが、時々、母や妹の理菜《りな》がすることもある。

六時を過ぎた。母は夕食のしたくに忙しい。ピアノのレッスンから帰ってきたばかりの理菜は、つまみ食いでもしにきたのか、バッグをキッチンに置きっぱなしだ。居間でのんびりテレビを観ている。この二人は、どうも期待できそうもない。そのとき電話が鳴り、理菜が出た。

「あっ、お父さん。……うん、わかった、お母さんに伝えとく」

それだけ言って、受話器を置く。

「お母さーん、お父さん、今日は遅くなるんだって」

それを聞いて、尚人はがっかりした。

(なーんだ。それじゃ、だれもメールを開かないじゃないか)

そう思ったとたん、尚人は待ちきれない気分になった。

「やれやれ、自分で打ったメールを自分で開けるなんて、なさけない」

ブツブツと文句を言いながら、階段を上がる。尚人の家のパソコンは、二階の廊下のつきあたりに設置してあり、だれでも自由に使えるようになっている。

「どれどれ、百万円大当たりのメールは、ちゃんと届いてるかな?」

パソコンを立ち上げ、メールを確認する。確かに学校のアドレスから、メールが届いていた。

しかし……。

「あれっ、なんだ？　このメール……」

文面が、尚人の打ったものとは、まるで違うのだ。声に出して読んでみる。

【お前は我々〝悪魔の時間〟にあの部屋へ入った。うんと恐怖を味わうがいい】

尚人がさかんに首を傾げているその時、下から自転車の急ブレーキのような悲鳴が聞こえてきた。母の声だ。

あわてて階段を下りる尚人。理菜の走り出す音も聞こえる。

「どうしたの、お母さ……」

そこまで言ったとき、隣で理菜も悲鳴をあげた。ぼうぜんと立ちつくす母。口に手を当てたまま、凍り付いたように動かない理菜。二人の視線をたどってみる。

「な、なんだ、これ……」

水道の蛇口から、真っ赤な水が流れ出ている。その水があちこちにはね、そこいら中に赤いシミをつくっていた。

「血だ。これ、血だよ、お母さん！」

尚人が、勇気を奮い起こして流しに近づき、水道の蛇口を思い切りしめる。★〝血の水〟は、どうにか止まった。

「いったい、なんなんだ。どういうことなんだ」

そんな尚人のつぶやきと、理菜の二度目の悲鳴が、ぴったり重なった。

「やだ、なんなの！」

信じられない光景だった。理菜のピアノのバッグから、見たこともない大きな虫がゾロゾロとはい出してきたのだ。大きさはネズミほどあるだろうか。真っ黒な体には、八本の足。巨大なクモのようでもあるが、顔は図鑑で見たコウモリのようだった。とにかく、尚人の知識や記憶にはまったくない、不気味な生き物だ。それが次から次へとはい出してくる。手品師の手から、限りなく出てくるカードのように……。

「ええい、あっち行け！　このやろう！」

尚人は、足下にあったスリッパを拾いあげ、モゾモゾと近寄ってくる〝虫たち〟をはらいのけた。けれど、きりがない。いくらはらいのけても、〝虫たち〟はすぐに起きあがり、また三人に迫ってくる。そればかりか、理菜のバッグからは、まだ新しい〝虫たち〟がはい出てくる。あっという間に、キッチンの床は、〝虫たち〟でいっぱいになった。

「くそうっ、どうしたらいいんだ」

その時、尚人の頭に、ある考えが浮かんだ。

「もしかしたら……。お母さん、理菜、二階へ上がるんだ。早く！」

尚人が両手のスリッパをフル回転させて、〝虫たち〟を振りはらい、細い通り道をつくった。

「今だ！　早く二階へ！」

尚人の言葉に、二人は二階へかけ上がった。尚人も、その後に続く。

「これでうまくいく。きっとうまくいく！」

尚人は祈りにも似た気持ちを込めて、さっき立ち上げたままにしてあったパソコンに、向かった。階段でゴソゴソと音がする。〝虫たち〟がはい上がってきているに違いなかった。尚人が懸命にキーボードを叩く。

「**キャーッ、お兄ちゃん、虫が……**」

思った通り、〝虫たち〟は、階段を上ってきた。そして、間もなく、その階段を上りきってしまうところだった。

「待ってろ。ええい、**これでどうだ！**」

尚人は、こんな文面を打ち込んで、「返信」をクリックした。

【悪魔は消え去れ。パソコンの中から消えてなくなれ！】

次の瞬間、すぐ足下まで迫っていた〝虫たち〟が、忽然と姿を消した。一匹残らず……。そっと階段を降りてみる。キッチンにも〝虫たち〟は、いなかった。そして、あちこちに飛び散っていた血の跡も、もうどこにもなかった。何もかもが、何事もなかったように、元通りにもどった。★張りつめた緊張の糸がプツンと切れたように、その場に座りこむ母。

「お、お兄ちゃん。今の、夢じゃないよね」

理菜の声は、まだふるえていた。

「ああ、たぶんね」

「どうして、退治できたの？　どうやってやっつけたの？」

理菜の疑問は無理もない。その質問に、尚人は笑って答えた。

「パソコンのゲームの中に、同じようなストーリーのものがあるんだ。それの攻略法と同じ事をやったら、ああなったってわけ」

ということは、あの悪魔や〝虫たち〟は、パソコンの中に住んでいる……？

人面ネイルアート

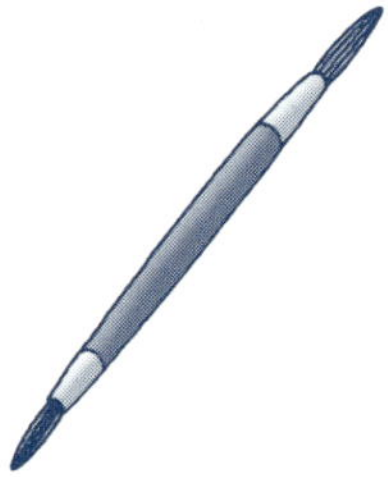

●読むに当たっての工夫例
話が終わった後で、「自分の首の後ろを確かめてごらん」と、ひとこと。「そう、何もなくてよかったね」という言葉を忘れずに。

　未来《みく》は、うっとりとテレビの画面を見つめていた。

「かわいいなぁ、あのキャミ。靴だって、すご～くおしゃれ」

　未来は、アイドルタレントのファッションに魅了されているのだ。すかさず中一の姉、未紀《みき》が、横やりを入れる。

「五年生なんて、まだまだお子さまでしょ。バーゲンセールの特価品で十分よ」

「なによ、お姉ちゃんなんて、いつまでたってもダッサ～イ服着てさ。おまけに部活で真っ黒け。肌のケアもぜんぜんしないしさ。将来、シミだらけ間違いなしじゃん」

　こんな具合に、しょっちゅうケンカばかり。そう、未来は今、おしゃれに夢中。ティーンのファッション雑誌を読みふけっている。「肌によくない」といって、あまり外で遊ぶことをしない。学校の体操服はダサイと、こっそりワンポイントを入れている。その代わり、休みの日にデパートなどへ行くときには、テレビタレントのような流行のおしゃれをしていくのだ。そのせいかどうかはわからないが、このごろ学校の成績も下がり気味。二年生の時から習っている習字も、「手がよごれる」と言ってはさぼりがち。そんな未来に、母も姉も注意はするのだが、いわゆる『のれんに腕押し・糠に釘』というやつ。まるで効き目がない。

ある日、その未来宛に、一通のダイレクトメールが届いた。「センスある貴女へ・キッズおしゃれ講座」とある。

「何かしらこれ。あたし、何も申し込んだ覚えないのになぁ」

そんなことをつぶやきながらも、（なんか、面白そう）と、封を切る。

「なになに、今回の講座『ネイルアート』？　ああ、ツメにするおしゃれね。ふーん」

がぜん興味の出てきた未来は、そのパンフレットに釘付けだ。

「きっと、第一回目はサービスなのね。これで気に入ったら、正式に契約するってやつか。サービスの一回目だけなら、お金はかからないみたいだから、まあいいや」

さらに、先を読み進める。そのうちに、未来は「はて？」と首を傾げた。書いてある内容が、どうも奇妙なのだ。

「ペイントの原料作り＝『直径七センチ程度のトマトを十二等分に切ってつぶす。次に、白ごま七分、黒ごま三分の割合で混ぜたものを大さじ一杯用意し、四分間すりつぶす。次に三日間、夜露にさらした自分の手の指のツメを黒くなるまで焼く。それらをよく混ぜ合わせ、大さじ二杯の雨水でこねる』これで、みんなが憧れる、すてきなネイルアートができます」

というもの。未来は、どうも半信半疑だ。未来でなくとも、こんなおかしな作り方が書いてあれば、だれだって首を傾げる。しかし、おしゃれをすることに夢中な今の未来は、とにかく書いてある通りに、原料作りをすることにした。この原料を使えば、他のどの製品よりも、ツメにしっかりと色がのる、ということだった。

この原料ができあがるまでに、一週間かかった。ちょうどいい大きさのトマトを買う。黒ごまはあったが、白ごまがない。さらに、雨がなかなか降らなかった……など、すんなり進まない理由はいくつもあった。それだけに、原料ができあがったときには、思わず「やった〜！」と、声を上げてしまったほどだ。あとは、これに好きな色の絵の具を混ぜれば完成する。未来は青と赤、それに黄色の絵の具を使い、三色のペイントを作った。

母が、買い物に出かけたある日、未来はさっそく、ネイルアートに取りかかった。

「うーん、なんの絵を描こうかな。……まあ、とりあえず」

未来は試しにと、左の人差し指に、可愛い花の絵を描いた。

「かわいい〜。うん、われながら、なかなかのできだな」

満足した未来は、ウェットティッシュでその絵を落とそうとした。

「あらっ、ぜんぜん落ちない。さっすが〜。『色ののりがいい』っていうのは、うそじゃなかったわね。これってラッキーかも！」

次に洗面所へ行って、お湯で洗い流そうとした。けれど、まるで落ちない。

「すご〜い、超・強力じゃん」

書いてあることに、うそはなかった。未来は「それでは」と、除光液を取り出す。母がたまにするマニキュアを、これで落とすのは知っている。ティッシュに含ませ、ゴシゴシとツメをこする。★落ちない！　それどころか、ますます色に輝きを増したような気がした。

「ち、ちょっと！　強力なのはわかったけど、どうしたら落ちるわけ？　落とし方なんて書いてなかったよ」

その後、未来は家中の石けんや、食器洗いの洗剤まで持ち出し、試してみた。けれど、どれもむだだった。

「やだ。なんとかしなくちゃ、お母さんに怒られちゃうよ」

次第に焦ってくる。母の化粧道具セットから、ネイルポリッシュ（ツメみがき）セットを取り出した。ネイルペーパーで、絵をこすり落とそうというのだ。懸命にこする。でも、やっぱり絵が消えることはなかった。と、その時、玄関の外で音がした。

（お母さんが、帰ってきた！）

未来は、あわててそのツメに、救急バンを巻き付けた。

「あら、どうしたの、未来。その指」

「えっ、あ、うん。ち、ちょっと紙で切っちゃって」

こんなうそで、その場をごまかす。けれど、不安な気持ちはますます強くなるばかり。

（もし、ずっととれなかったらどうしよう。……あっ、そうだ。明日、送ってきたところに電話して、落とし方を聞いてみよう）

どうして、そんな簡単なことに気がつかなかったんだろうと、ホッと胸をなで下ろす。すべては明日と、未来はベッドに入った。

翌朝、目が覚めた未来は、真っ先に自分の指を見た。そのとたん、眠気がいっぺんに吹き飛んだ。

「な、なによこれ！」

左手中指のツメに、描いた覚えのない花の絵が、あざやかに描かれている。

ダイレクトメールの封筒をランドセルに押し込み、登校する途中の公衆電話で、未来は電話をかけた。送ってきた会社に、問い合わせをするためだ。しかし返ってきた声はこうだった。

「お客様のおかけになった電話番号は、現在、使われておりません……」

学校へ行ってからも、休み時間に何度もかけた。けれど結果は同じだった。

その後、日が変わるたびに、ツメの絵は増えていった。毎日増える救急バンに、母は「見せてごらん」と言ったが、未来はそれを拒み続けた。声を荒げる母。姉の未紀も母の言葉をなぞって、未来を責めた。

「今日は、お父さんにわけを言って、注意してもらいますからね」

そんな母の言葉も、今はむなしく響くだけ。できることなら、わけを話して一緒にこの奇妙な悩みを解決してほしい。けれど、この指を人前にさらすことが恐ろしい。なんだか、とんでもないことが起こりそうな気がして……。

夏も近いというのに、やがて未来は手袋をするはめになった。父は、未来のふつうではないようすを見て、「そっとしておいてやろう」と、直接この話題には触れなかった。「きっと、学校でつらいことでもあったのだろう。話をする気になるまで、待ってあげよう」と、母や姉を説得したのだ。★

この頃から未来は、自分の中の小さな異変に、気づき始めていた。「だれかに相談しよう」という気持ちに、なぜかならないのだ。母や父に相談すれば、案外簡単に解決策が見つかるのかもしれない。もしかして、医者に行けば、あっという間に取り除いてくれるのかもしれない。なのに、どうしても人にわけを話す気持ちにならない。不思議だった。わけがわからなかった。ツメの絵が、六本になった日から、未来は学校を休むようになった。

未来が初めて、この奇妙なネイルアートをした日から十日目。その日、十本のツメのすべてに、それぞれ違う種類の花が描かれた。

（明日は、どうなっちゃうのかしら。今度は、足のツメにでも描かれるのかなあ）

不安の種は尽きない。翌朝、おそるおそる足の指を見る。

「よかった。何も描かれてない。……明日からは反対に、減っていかないかしら」

そんな淡い期待も、姉のこんなひとことで吹き飛ぶことになる。朝食後のことだった。

「未来、なに首の後ろにシールなんか、はってるの？」

暑い朝だった。未来の首筋が、姉の目にとまったのだ。

（えっ、なに？ ま、まさか）

あわてて洗面所へかけ出す未来。そして鏡の前で手鏡をかざし、首の後ろを見る。そこには、手の指と同じような花が、くっきりと描かれていた。

（**いやっ！** きっとこのまま、ずっと体のあちこちに増え続けていくんだわ）

そう思ったそのときだった。その花の絵が、とつぜん人間の顔に変わったのだ。青白く、細い顔……。そしてその顔がニヤッと笑い、こう言った。

「**その通りだよ。ただし、お前が生きている間だけだけどね**」

未来の体は細かくふるえ、歯がガチガチと音を立てる。その〝顔〟は、さらに言葉を続けた。

「わたしたちは、しばらくお前に住み着くことにしたよ。お前の命をエネルギーにしてね。つまり、わたしたちが生き続けること、増えていくことは、お前の命がそれだけ短くなることなんだ。まあ、せいぜい長生きしておくれよ。次のすみかを探すのは面倒だからねえ。できれば、あと三か月くらいは生きてほしいね」

何もかもが、信じられない……、いや、信じたくない言葉だった。ふと未来は、〝顔〟の言った、〝わたしたち〟という言葉が気になった。

「まさか……」

ふるえる手で、ゆっくりと手袋を外す。すると、花だったはずの絵が、すべて人の顔に変わっていた。そしてその顔が、いっせいに声を上げて、ケタケタと笑ったのだ。あまりの出来事に、未来は声も出ない。首の後ろの顔は、最後にこう言って、また笑った。

「お前も、説明書をよく読まなかったんだね。おかげで、わたしたちのすみかが見つかったよ」

自分の部屋へ駆け上がる未来。そして、机の引き出しからあのダイレクトメールを取り出し、もう一度、目を皿のようにして説明を読む。

しばらくたってから、未来は絶望したように、こうつぶやいた。

「そんな……」

悪夢のような一行は、説明書のはじっこに、小さな小さな文字でこう書かれていた。

【ただしこれは、人面ネイルアートです。人間の方にはあまりお薦めできません。十分、ご注意ください】

トイレの壁に……

　タイルがはがれている。それに、廊下の掲示板が、また斜めに傾いた。

　梢《こずえ》が通っている小学校の校舎はかなり古い。あちこちに、ガタがきている。

「ねえ、またちゃんと閉まらなくなってるのよ、あのトイレ」

　女子たちが、こんな文句を言っている。四年生の女子トイレ。その奥から二番目のトイレのドアは、時々調子が悪くなる。これまでに何度も修理をしているのだが、それでも直らない。

「ああ、あの『呪われたトイレ』ね。あそこはもう、だれも使わないからいいのよ」

　そんな会話が交わされるそのトイレ。〝呪われている〟というには、わけがある。何年か前に、教頭先生がそのドアを修理していると、急に気分が悪くなり、救急車で運ばれたことがあるという。さらにその後、修理を始めた用務員さんが、慣れているはずのかなづちで指を強く

●読むに当たっての工夫例
話が終わった時点で、「奥から二番目のトイレを調べてごらん。ひとりじゃないと、だめみたいだよ」と、つけ足しておく。

叩いてしまい、それ以上、作業を続けることができなくなったという話も伝わっている。だから、そのトイレはめったに使われることがない。

★

しかしある日……。

「習字の作品展で、高橋さんの作品が、優秀賞を受賞しました」

先生の声に、拍手が起こる。高橋梢。おとなしく、目立たない女子だ。そうじはよくやるし、宿題を忘れることもほとんどない。そのまじめさから、〝マジ子〟などというあだ名をつけられたこともある。けれどそれは決して、バカにしたあだ名ではない。優しくて思いやりのある梢は、だれからも好かれていた。ほんの一部の者をのぞいて……。

「なによ、あいつ。習字の賞をもらったくらいで、にこにこしちゃって」

「あの、いい子ぶったところが、気に入らないんだよね」

休み時間に、若菜《わかな》たち四人グループが集まって、そんなヒソヒソ話をしていた。そう、〝一部の者〟というのは、この若菜たちのこと。みんなから好かれている梢のことを、日ごろからあまりよく思っていない。だから、梢をへこませる機会をひそかにねらっていた。そして、若菜があの〝呪われているトイレ〟に、目をつけたのである。その日の放課後のことだった。珍しいことに、若菜が梢に声をかけた。その後ろには、真由《まゆ》、しおり、香奈《かな》の三人もいた。

「ねえ、梢。あたしたち今度、学級新聞であのトイレのことを特集しようと思ってるの。だけど、へんなうわさがあるでしょう？　だから、あたしたち、気味が悪くて近づけないの。そこで、勇気があって、みんなから人気のある梢に協力してもらおうってことになったのよ」

　若菜の後ろで、三人が声を殺して笑っている。

「放課後のあのトイレの様子、見てきてくれない？」

　おかしな出来事が放課後に集中していることは、だれもが知っている。だから、わざと放課後を選んだのだ。そして、梢がこわがりであることも、日ごろの生活からわかっていることだった。

「えっ、でもあたし……」

「いいじゃない。お願い！　**ね**」★

　いつもとまるで違った猫なで声。この声とはまるで正反対の強引な態度で、梢の背中を押す若菜。梢は、やっとのことで口を開いた。

「ちょっと待って、若菜。あたし、あのトイレはやっぱりこわいなあ」

そのとたん、若菜の口調がグッときつくなった。

「なんでよ。梢、他の人の頼みは、なんでも聞いてやってるじゃない。絵美《えみ》の代わりにゴミ捨てに行ったこともあったよね。昨日も、体育係の仕事を手伝ってたよね。どうして、あたしたちの頼みだけが聞けないわけ？」

若菜の言葉に合わせて、後ろから「そうよねえ」「いいじゃん、それくらい」といった声がする。少したってから、梢はポツリとつぶやいた。

「わかった。様子、見てくる」

しかたなくトイレの様子を見に行く梢。そのあとをこっそりつけていく四人組。

「行った、行った。バカじゃないの。本当に行くなんて」

クスクスと忍び笑い。やがて、四年生の女子トイレに、こわごわ梢が入っていった。

「あっ、入った！　う〜、楽しみイ」

真由が、廊下の角から首を伸ばして梢の背中を見送る。すかさず若菜が、吐き捨てるように言う。

「幽霊にでもとりつかれちゃえ、あんなやつ」★

ところが、間もなく何事もなかったような顔をして、梢がトイレから出てきた。廊下の端で、若菜たちが待ち受ける。

「どうだった？　何か出た？」

しおりが、興味深そうにたずねる。

「ううん、別になんでもなかったよ。ドアもちゃんと直ってた。やっぱり、ただのうわさなんだね」

あっけらかんと言い放つ梢に、四人は声もなかった。

「なーんか、つまんなかったなあ。もっとこわがってもらわなくちゃ」

梢が帰った後、香奈が拍子抜けしたように言う。すると、若菜の口元がニヤッと笑った。

「これで終わりなわけないじゃん。明日は、もっと面白いことになるんだから」

「えっ、なにそれ」

と、香奈が身を乗り出す。

「明日の放課後ね……」★

四人は小さな円になって、ないしょ話を続けた。

次の日、梢は日直だった。放課後、最後まで教室に残って、机の整とんをしている。もう一人の日直は浩介《こうすけ》。二人は分担を決めて仕事をしていた。浩介の最後の仕事は、黒板消しはたき。梢よりも先に終わった浩介は、一足早く教室を出ていた。

「あらあ梢、まだ日直の仕事やってたの?」

わざとらしいセリフを吐いて、若菜が教室へ入ってくる。そのあとに三人が続き、小走りで梢に近寄った。

「うん、でももうすぐ終わり。若菜たちはどうしたの?」

「それがね……。昨日、梢があのトイレを調べてくれて、『ただのうわさ』ってわかったでしょう? だからあたし、試しに入ってみたの。でもね、うっかりして中にティッシュを置いて来ちゃったの。それも、お気に入りのティッシュケースごと」★

なにが言いたいのだろうと、梢は首を傾げた。それをめざとく見つけたしおりが、若菜の言葉につけ足しをした。

「ところがね、取りに行ったら、どういうわけか閉めたはずのドアが開いてるの。もう、こわくって。★だから、梢に取ってきてもらえないかと思ってさ」

　そう言って若菜と顔を見合わせ、目で笑った。

「あたし、とっても大切にしてるのよ、あのティッシュケース。おばあちゃんから、誕生日にもらったんだ。お願い、取ってきて！」

　若菜が顔の前で手を合わせる。昨日そのトイレには入ったばかり。そのせいか、梢にそれほどのためらいはなかった。

「いいよ、取ってきてあげる。でもね、あのトイレ、本当になんでもないんだよ」

　ちょっと待っててと言って、梢は残りの机を整とんした。

「ふうっ、終わった。★じゃ、取ってくるから。ティッシュケースって、ブルーのやつだったよね」

　走るようにして、教室を出る。その背中で、若菜としおりが声をひそめて言った。

「面白いことになるよ。しっかり見ておこうよ。あのこわがり梢が、腰を抜かしてヒイヒイいうところをさ」★

トイレにたどり着いた梢は、昨日と違い、ためらうことなく中に入った。そしてまっすぐに〝あのトイレ〟に近づき、ドアを開ける。

「えーっと、ティッシュケースは……。あれえ、ないなあ」

その様子を入り口の陰から見ていた二人は、顔を見合わせた。

「うそっ！　中に真由と香奈が入ってるはずなのに……」

そう、四人は梢を脅かす計画を立てたのだ。トイレの中に、真由と香奈の二人が入り、ワッと飛び出して、梢の腰を抜かしてやろうという計画だ。ところが、ドアを開けた梢が驚いている様子はない。真由たちも現れない。

「ど、どういうこと？」

あっけに取られている若菜たちの前に、梢がもどってくる。

「ティッシュケースなんて、なかったよ。だれかに持っていかれちゃったのかなあ」

梢は、「じゃあね」と言い残して、その場を去った。

（そんなはずはない……）

急いでトイレに入る若菜としおり。〝あのトイレ〟はドアが開いている。中にはだれもいな

い。

「真由たち、なにやってるのよ、まったく！」

二人がトイレの中をのぞき込んだとたん、すごい勢いでドアが閉まった。

「**キャーッ！**」

二人は中へはじき飛ばされ、それきりドアは開かなくなった。二人の悲鳴に気づいたのは、梢だった。走ってトイレに戻る。

「どうしたの？　ドアが……、あれっ、開かないや。ちょっと待ってて。先生を呼んでくるから」

やがて、梢と一緒に、何人かの先生たちがやってきた。

「ここか。閉じこめられたっていうのは。お〜い、中にいるのかァ」

返事はない。先生がノブに手をかけると、ドアは何事もなかったかのように、すんなりと開いた。中にはだれもいない。

「なんだい、だれもいな……」

そこまで言った先生は、ハッと息をのんだ。トイレの壁に、どす黒い四つのシミ。

「こ、こんなシミ、今までありませんでした」

梢の言葉に、青ざめる先生たち。よく見るとそのシミは、若菜たち四人の顔にそっくりなシミだった。苦しそうにもがくその四つのシミは、恐怖にゆがんでいた。

あとで、梢がおばあちゃんに聞いた話である。

【ずっと昔、この学校で、いじめられたのを苦にして死んでしまった子がいた。その子の霊が今でも校舎のどこかにさまよっていて、いじめられている子を助けている】

若菜たち四人は、行方不明ということで、今でも捜査が続いている。

45分間バージョン

45分バージョンのポイント

●授業ひとこま分の45分なので、一括読み、分割読みなど、いろいろな読み方が可能。

●分割して読み聞かせる場合、二分割、三分割など、いろいろな区切り方ができる。区切る箇所は使える時間との相談になるが、区切りの最後に「……そのとき！」や「ふとふり向くと、そこには……」などと、次回に期待をもたせるような言葉を適宜挿入し、「続きはまた今度」と告げて終わると効果的。

●続きを読み始める場合には、前回に読んだラストの箇所をもう一度読むところから始める。その際、「どこまで読んだ（話した）っけ」と投げかけ、子どもに説明をさせてもよい。

●45分を使い、一括で読む場合は、飽きさせないよう、場面絵や効果音などを効果的に活用する。

「ト書き」について

―――――――――	声のトーンを落として少しゆっくりめに読む
………………………	少し速度を上げて読む
太ゴシックの箇所	強く大きめの声で読む
★印、……、1行あけ	間をあける

呪いのインラインスケート

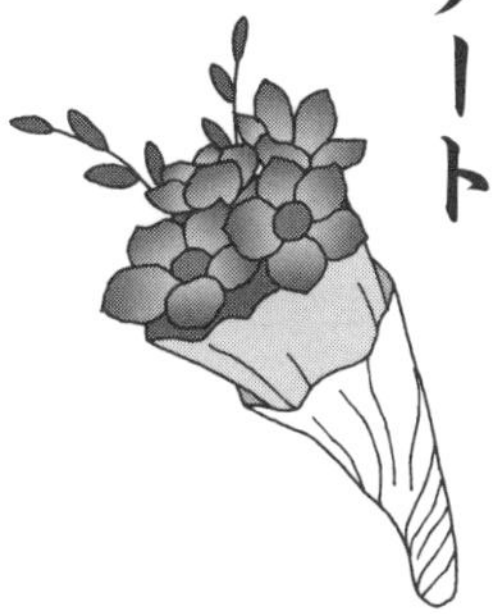

●読むに当たっての工夫例
インラインスケートの実物があれば、それを見せてイメージ作りをさせる。なければ、インターネットからプリントアウトした資料でもよい。手描きももちろん可。

大輝《だいき》は足下の石ころを、思い切りけった。

「ちぇっ、今日も負けか！」

小学校六年生の大輝は、スポーツ万能だ。去年の陸上大会では、走り高跳びで大会記録を出したし、学校の運動会でもリレーのアンカーとして、大活躍をした。そんな大輝が今、夢中になっているのは、インラインスケート。最初はただ遊びですべっているだけだったが、今ではすっかりレースにはまっている。

「あーあ、最終コーナーまでは、おれの方がリードしていたのになぁ」

大輝には、ライバルがいる。少し離れたK市に住んでいる稲葉《いなば》真介《しんすけ》。いつも上位に食い込む大輝だが、この真介にだけは、どうしても勝てないのだ。

友だちのほとんどは、サッカーに燃えている。大輝もいろいろなチームから誘われているのだが、「みんなと同じスポーツをやってもつまらない」という考えから、インラインスケートを競技として始めた。この日は、今年二度目のレースだった。

負けて帰る足取りは重い。電車の中では、ぐったりと疲れが出る。ぼんやりしていて、あやうく降りそこなうところだった。★

「あそこのカーブで、インに入れなかったのがいけなかったのかな」

悔しさは止まらない。頭の中でこの日のレースを何度も振り返る。遮断機が上がり、踏切を渡る。渡り終えたところに、赤い花が供えてあった。ここでだれか命を落とした者がいる……。

「うーん、ウイール（タイヤ）の硬さを変えてみようかな」

今の大輝の眼には、そんな花さえも映らなかった。

インラインスケートをスポーツとして楽しむ人は、日本ではまだ少ない。「インラインホッケー」「スピードスケート」「アグレッシブ」「ダンス」などの競技があるが、大輝がのめりこんでいるのは、スピードスケート。大輝の家の近くには、練習にもってこいの場所がある。〝かもめ第二公園〞だ。そこには、公園を一周するサイクリングコースがある。練習仲間はひとりいる。いや、ひとりいた。同じクラスの渉《わたる》だ。けれどその渉は、サッカーで遊んでいて骨折したばかり。だから今は、ひとりで練習するしかない。大輝の家の近くには、クラブチームもサークルもないのだ。

「バックルがちょっとゆるいかな?」★

いつものように、コースの入り口近くで練習の準備をする。ひとりきりの練習はつまらないし、気分も乗ってこない。だが、もっとハードな練習をこなさなくては、ライバルの真介には勝てそうもない。いくらひとりきりでも、練習するしかないのだ。★

スタート地点のベンチに腰掛けて、ひざ、ひじ、手首の三か所に、しっかりとプロテクターをセットする。これでヘルメットをかぶれば、準備完了だ。

「さてと……、ん!?」

ふと気がつくと、ひとりの男の子がじっと大輝を見ている。

(そういえばこいつ、さっきからいたな)

見れば、両腕に小さなインラインスケートを、大事そうにかかえている。

「へえ〜。お前もインラインスケート、やるのか」

こっくりとうなずく。

「それ、フィットネス（初心者用スケート）だろ？　けっこういいの、持ってるじゃん」

するとその子は、立ち上がって大輝の方へ、小走りに駆け寄った。

「昨日買ってもらったばかりだよ。スケート、教えてほしいんだけど」

「ああ、いいよ。おれも練習仲間がいなくて、イマイチやる気が出ないところだし」

大輝がそう言うと、男の子はバンザイをして喜んだ。

「なんだい、おおげさなやつだな。ほら、まずはスケートをはいて」

まるで自分の弟のように、大輝はこの子の面倒を見た。

「ぼく、翔《しょう》っていうんだ。松原翔だよ。二年生」

聞かれもしないのに、その〝翔〟という男の子は、自己紹介を始めた。

「おれは大輝。近藤大輝だ。……よしっ、はけたな。ああっ、そうやって立つと後ろへコケるぞ。とりあえず両ひざをつくんだ。★うん、そうそう。次に片ひざを立てて、そのひざをグイッとおすようにして立ち上がる。そうだ。へえー、なかなかセンスいいじゃんか」

ふつう初めての時には、立ち上がることさえ難しい。

「それで次は……。おいおい、本当に初めてなのかよ。教えてもいないのに、ちゃんとレディーポジションとってるじゃん」

レディーポジションというのは、基本姿勢のこと。手を前に出し、ひざと足首を曲げ、かかととかかとをくっつける。つま先は六十度から九十度開く。この足の形を、Vスタンスというのだが、これが最初からできる者など、そうはいない。

「ひえ〜、おどろいたやつだ。ちびっちょのくせに、すげえや」

〝翔〟は、Vウォーク、スライド1といった、基本を、あっという間にマスターした。

「よしよし、今日はここまで。それにしてもどうなってんだ、翔は。こんなに上達の早いヤツなんて、見たことねえや」

大輝のあきれ顔の横で、翔はニヤッと笑った。

それからも時々、大輝は翔にスケーティングをコーチした。それをぐいぐいと吸収し、上達していく翔。まるで、乾いた砂が水を吸い込んでいくように………。

そして二週間ほどたつと、翔は大輝と並んですべることができるようになっていた。

（まったくこいつはどうなってるんだ。たった二週間で、おれが二か月かかったレベルに追いつきやがった）

　大輝は翔に対して、なんとも言えない不気味さを感じるようになってきた。

「な、なあ、翔。お前はもう十分ひとりで練習ができるよ。エッジングも完璧だし、フィットネスなんかはいてるレベルじゃねえや」

「じゃあ、ぼくも大輝君と同じレースモデルにする」

　レースモデルというのは、初心者には到底はきこなせないスピード用のスケートだ。

「じょうだん言うなよ。いくら翔でも、これはまだ無理だ」

　そう言いはしたものの、心の中で大輝は「こいつなら、もしかしてはきこなせるんじゃないか」という気がしていた。と同時に、

（ひょっとしたらこいつ、将来、真介以上のライバルになっちまうかもしれない）

　そんな危機感も、抱いていた。

「まあ、翔のことだ。高学年くらいになったら、きっとはけるようになるさ。そう、あせるなって」

そんな大輝の声に、翔からの返事はなかった。

それから三日間、翔はコースに現れなかった。

「やれやれ、もしかしたらあいつ、怒ったのかな？　『お前にはまだ無理』なんて言ったからな。でもまあいいや。これでおれも自分の練習に専念できる」

翔にコーチをしている間、大輝は自分の練習があまりできないでいた。

「今日は、久しぶりにタイムを計ってみるか。練習が減った分、力が落ちてるかもしれないからな」

よしっ、と声を出して、大輝はメットのひもをギュッとしめた。と、そのときだ。

「大輝君、これ買ったんだ」★

翔だった。手にはま新しいスケートを持っている。それも、ウイールが五つついた、レースモデルのスケートを。

「し、翔、そんなすげえレースモデル、どうしたんだ。お前にはまだはけねえよ」

大輝の声が、なぜかつまった。のどの奥に、なにか得体の知れないものがつまった。

「買ってもらったんだ。ねえ、早く一緒に練習しよう！」★

翔が新品のレースモデルをはき始める。大輝はそんな翔の姿を、あっけにとられたように見つめるだけだった。

「はけたよ。ほら、こんなに簡単………、あっ！」

見事にひっくり返った。それを見て、なぜかホッと胸をなでおろす大輝。

「ほらみろ、やっぱりまだ無理なんだよ。おれ、今日は気合い入れて練習するんだ。翔は見学でもしてな。それとも家に帰るか？」

ちょっと気分をよくした大輝は、ウォーミングアップを始めた。入念にストレッチをして体をほぐす。十五分もすると汗がにじんできた。★気がつくと、翔がどこにもいない。

「へへっ、帰ったか。あいつ、ちびのくせしてプライドが高いんだな。あーあ、それにしてもよかった、あいつがふつうのチビ助で」

ゆっくりとコースを走り出す。二、三周して体を温める。それから、タイムトライアルだ。サイクリングの人たちが、大輝をゆっくりと追い越していく。ほほに当たる風が心地よい。軽く流して走っても、十二、三分もあれば一周できるコースだ。あっという間に、スタート地点のベンチが見えてくる。

「ふっ、やっぱりいねえや。あきらめたのか？　それともフィットネスを取りに、家にもどったのかな」

どうでもいいはずなのに、なぜか翔のことが気にかかる。

「まあいいや。おれは自分の練習、練習っと。ようし、待ってろよ、真介！」

そんなつぶやきを残して、大輝はグッと前傾姿勢をとった。

少しスピードアップして、二周目に入る。この二周目は、スピードをあげたり下げたりのインターバルだ。このようにして、少しずつ足を慣らしていく。と、その時だ。信じられない光景が、大輝の目に飛びこんできた。★

「う、うそだろ……」

翔の後ろ姿だった。ついさっきまで、立つこともできなかったレースモデルをはいて、ゆっくりとすべっている。大輝はスピードを落として、翔のはるか後方にぴたりとつけた。一定の距離を置いて、翔の様子をさぐる。どうにかころばずに、やっとすべっている感じだ。

「危なっかしいけど、いきなりレースモデルですべれるだけでも、たいしたもんだ。おれなんか、はきこなすのに五日くらいかかったもんな」

おっと、ころんだ。やっぱりまだ早すぎるんじゃないかと、大輝は思った。いや、思いたかった。ところが、事態は大輝の願いとは、まるで別の方向に動いていった。時間を追うにつれ、みるみる上達していくのだ。一周目をすべり終わる頃にはもう、危なっかしさがすっかり影をひそめてしまった。

（し、信じられねえ）

心の中で大輝がそうつぶやいた時のことだった。翔がいきなりターンし、後ろを向いた。★大輝と目が合う。

「信じられなくたって、ぼくはすべれるんだよ」

翔の目が、笑っている。まるで大輝の心の中を見通したかのような目で。

（くっそう、バカにしやがって！）

グンとスピードを上げて、翔にせまる。一気に抜きにかかるつもりだ。

「どうだ、これがレーサーのスピードだ！」

一瞬にして、翔を抜き去った。風の音だけが聞こえる。ぐんぐんスピードをあげる。先に行ったサイクリング車も追い越した。カーブでウイールが、シュシュシュッと小気味よい音を立てる。ちらっと後ろを見た。だれもいない。

「へっ、ざまあみろ。あんなチビ助になめられてたまるかよ」

ふっと、スピードを落とす大輝。その耳にひびいたのは、――風の音ではなかった。

「わーい、追いついちゃった！」

大輝の心臓が、ドクンと鳴った。

（こ、こいつ、★――バケモノ……）

すぐ横に、翔がピッタリついていた。足がガクガクとふるえる。もう一度、チラッと翔を見た。太陽の光がまともに目に入る。その時、大輝の首筋から背中にかけて、何かゾクッとするものが走った。

「**うわっ！**」

一瞬、大輝の目に飛びこんできたものは、半分つぶれて骨がむき出しになった顔。どす黒い血がべっとりとこびりついたその顔には、目玉がなかった。

「**うわあ……ああ**」

声にならない声をあげ、大輝がコースわきの芝生につっこみ、激しくころんだ。

「だいじょうぶ？　大輝君。どっかケガしなかった？」

急停止した翔がのぞきこむ。

「**来るな、来るなぁ！**」

大きく手を振って、翔を追い払おうとする大輝。その顔は、恐怖で引きつっていた。

「あっ、大輝君、ぼくのこと怖がってるね。おかしいよ、六年生が二年生を怖がるなんて」

そう言ってしゃがみこんだ翔は、どうみてもまだあどけない、二年生の顔をしていた。

（ああびっくりした。★なんだ、気のせいだったか）

大輝は座りこんだまま、大きく深呼吸した。

（気のせい？　本当に気のせいだったのか？　……そうだ、そうだよ！　気のせいに決まってるじゃんか）

大輝は何度も自分に、そう言い聞かせた。

少しの間、翔は大輝の隣に座って、何か鼻歌を歌っていた。やがて大輝の気持ちも少しずつ落ち着いてくる。とそのとき、その大輝の横で、翔が意外なことを言った。

「うーん、大輝君だから、特別に速くすべれるコツを教えちゃおうかな」

（なんだって？　ケッ、生意気なヤツだな。六年生のおれに「教える」だって？）

「生意気なヤツには、教えてもらいたくない？」

また、心の中を見抜かれた。

「そ、そんなことねえよ。翔ってすげえなあって思っただけだよ。お、教えてくれよ、その『速くすべれるコツ』ってやつを」

なぜか、翔のペースにはまってしまう。

「いいよ、教えてあげる。その代わり、大輝君がだれよりも速くすべれるようになったら、何かちょうだい」

その言葉とかわいらしい表情に、大輝はスーッともとの自分を取りもどしていった。

（ふうっ、「何かちょうだい」か。ふふっ、やっぱりガキはガキだ）

ホッとすると同時に、胸の鼓動が次第におさまる。そのうち、翔におびえた自分がバカに見えてきた。

（こいつは、天才的なスケーターなんだ。ただそれだけのこと。なぁに、いくらこいつが天才

でも、おれは努力でカバーする。こんなチビに負けるわけがない）

そう思うと、〝心の中を読まれた〟ということも、単なる偶然としか思えなくなってくる。さっき見たあの恐ろしい顔も、逆光の中の幻にすぎなかったように思える。

「はいはい、わかったよ。おれがもし、翔のおかげで真介っていうライバルに勝てるようになったら、なんでも差し上げますよ～」

人の心というのは、実に変わりやすいものだ。「何かちょうだい」という、たったひとことが、大輝を恐怖の淵から救い出した。小さな子どもの、たわいない〝おねだり〟。★大輝はそれを快く承知した。

「じゃあ、今日一日だけ、そのブーツ（スケート）をぼくに貸して。明日までにすごく速くすべれるようにしてきてあげる」

やれやれと、大輝はちょっとあきれ顔。いったい何をしようというのか。特上のオイルでも差してくるつもりなのだろうか。

（まあいいか。練習用の古いブーツだし）

大輝は、さほどちゅうちょすることもなく、愛用のスケートを翔に預けた。

「それじゃ、性能アップをよろしくたのんますよ」

「わかってる。だけど約束、ちゃんと守ってよ、大輝君」

そう言って、翔はまたニヤリと笑った。


次の日、翔は大輝のスケートを持って、コースにやってきた。見たところ、スケートのどこにも変わったところはない。

「なあ、翔。いったいこのブーツのどこをどうしたっていうんだ?」

大輝は、翔の顔も見ずにスケートのあちこちを見回す。

「いいから、そのブーツでタイムを計ってごらんよ。ぼく、今日はちょっと用事があるからこれで帰るね」

「そっかぁ。ところで翔は何が欲しいって……」

顔を上げた大輝の前に、翔の姿はなかった。

(あれっ、どこへ行ったんだ? すばしっこいやつだな)

ちょっと首をひねった大輝だったが、すぐにこう思い直した。

「これで落ち着いて練習ができるぞ。へへっ、なーにが『速くすべれるようにしてきてあげる』だ。ばかばかしい」

苦笑いをしながらスケートをはく。★と、その手が止まった。

「あれっ、やけにぴったりくるな」

はいた感じが、いつもとは違う。まるでスケートが足にすいついてくるような気がするのだ。

「まあいいや。さてと、練習を始めるか」

いつものように、ウォーミングアップの軽いすべりから入る。

「な、なんだ？　足が軽いぞ！」

信じられないくらい、足が軽く思える。そして、これまでに味わったことのない、スムーズなすべり。

「よしっ、タイムを計ってみよう」

スタート地点に立って、左手首のストップウォッチに指をかける。

「ゴーッ！」

スタートだ。ひとけりひとけりに力がこもる。スピードがグンとあがる。風の音がいつもと違う。はるか前方を走っていたサイクリング車が、あっという間に大きくなり、そして一気に抜き去る。

「いける、**いけるぞ！**」

大輝は新記録の確信を持った。ゴール地点が視界に入ってくる。いつもは長く苦しいラストの直線を、あっという間にすべり終えた。

「**ゴール！　やったぁ！**」

すぐさまストップウォッチを見る。

三分四十二秒。このコースでいつかは四分を切るのが大きな目標だった。それが、あっさりと達成されてしまった。

「げっ、マ、マジかよ！」

「そ、そうか。ここのところ、翔の相手をしていてあまり本気ですべっていなかった。それがきっと、いい休養になったんだ。疲れてたんだな、おれ。疲れがとれたから、こんなタイムが出たんだ。知らないうちに、実力がグンと伸びてたってことだ」

そう思うことにした。いや、そう思わずにはいられなかった。そして何度も、「翔のことは

関係ない」。★そう自分に強く言い聞かせた。

それからしばらくの間、翔はコースに姿を見せなかった。大輝はそのことも気にしないようにしていた。


二週間後、運動公園の中にあるコースで、練習会が行われることになった。久しぶりに、友だちの渉も復帰してきた。そして、ライバルの真介も参加している。

このレースで、大輝は初めて真介に勝った。それも、圧勝だった。

「大輝、おれが休んでる間に、すげえ実力あげやがったな。いったい、どんな練習したんだよ！」

「いや別に。★ちょっと疲れをとったら速くすべれるようになったんだ」

帰り道、渉は大輝に何度も質問し、首をかしげた。

「じゃあな、また来週から一緒に練習しようぜ」

コースの出口で、二人は別れた。

（よっしゃあ、やったぞ。やっと真介に勝ったぞ！）

抑えていた喜びが、ひとりになって爆発した。

「やっぱおれって、天才レーサーかもね。これからは、**連戦連勝だ！**」

右のこぶしを空に向かって突きだした大輝の背中で、聞き覚えのある声がした。

「よかったね、大輝君。願いがかなって」

翔だった。

「お、おお、翔か。しばらく来なかったな」

「うん、ちょっとね。……それより大輝君、ぼくとの約束、覚えてるよね」★

大輝ののどが、ゴクッと鳴った。

「う、うん。覚えてる。それより翔。お前さあ、スケートに何したんだ？」

大輝は、できれば話題を変えたかった。翔のことだ。何を言い出すかわからない。

「それは『ないしょ』だよ。……ねえ、話、変えようとしたってむだだからね。大輝君、『真介に勝てたらなんでもあげる』って言ったよね」

「あ、ああ、言った。言ったけど、おれ、実力で真介に勝ったんだぜ」

その言葉を聞いて、翔の顔つきが変わる。そのするどい目つきを見たら、大輝は自分の言ったことを訂正しないわけにはいかなくなった。

「なーんてね、じょ、じょうだんだよ。ジョーク！　ちゃんと守るよ、約束」

すると、翔がまた、むじゃきな二年生にもどった。

「やった、やったぁ。わーい」

ピョンピョンとはね回る翔。けれど今度はそんな翔を見ても、気持ちは落ち着かない。

「いったい、なにがほしいんだ。早く言えよ」

「ぼくと一緒に、コースを走って。走りながら言いたいんだ。ねえ、早くスケートはいてよう」

まったく変わったやつだと、大輝は思った。

「はいはい、だけどあんまりへんなもの言うなよ。『およめさんがほしい』とかさ」

大輝のことばに、翔が大声で笑った。★

公園の中へ入り、いつものベンチでスケートをはく。

「よしよし、じゃ一緒に仲良くすべろうな」

ゆっくりすべり出す二人。いったいなにを言い出すのか、ちょっとドキドキの大輝だ。

「今日な、すげえぶっちぎって勝ったんだぞ。三か月後に大会がある。そこでもおれ、きっと優勝するよ」

大輝は、なんとなくいやなふんいきを感じて、自分から話を切りだした。

「よかったね。ぼくもよかった。ほしいものが手に入って」

「な、なんなんだよ、翔のほしいものって。そろそろ言ってくれよ」

ゆっくりと大輝の方を見上げた翔が、にっこり笑って言った。

「**もう手に入ったからいいんだ……**」

「もう手に入った？　なんだよ、それ。**あっ、待てよ！**」

翔がいきなりスピードを上げた。

「あれっ？　あっ、どうなってんだ、これ！」

足が勝手についていく。大輝のスケートが、翔の後を追っていく。

「なんなんだよ、これ。どうして止まらないんだ！」

その時、前をすべっていた翔の顔が、クルッと真後ろを向いた。その顔は、前に見たあの顔だった。半分がつぶれ、目玉のない血みどろの顔……。

「**ぼくがほしかったのは、★大輝君なんだよ**」

どんどんスピードがあがる。公園を飛び出し、すごいスピードで大通りへ出た。

「やや、やめてくれ！　止めてくれぇ！」

けれど、大輝のスケートは止まらない。目の前は電車の踏切だ。その時、カンカンカンと警報機が鳴り出した。右手の方に、急行電車の白い車体が見えた。

「あぶない、あぶなーい！　助けてくれえ！」

大輝の悲鳴を聞いて、翔はまたうれしそうな顔をした。半分つぶれたその顔で。

「これでずっと友だちだね。さみしかったんだ。ぼく、大輝君、だーい好き！」

引きつった大輝の目に、真っ赤な花が映った。踏切のそばに供えられた、死者をとむらう花が……。

轟音をあげて、電車が踏切に入ってきた。そこへつっこんだ翔が、★ふわっと消えた。続いて大輝が猛スピードでつっこむ。

「うわぁ〜！」★

砕け散ったインラインスケートの破片が、空高く舞い上がった。

ずっと一緒……あなたが好き……
―あわい恋心が恐怖に変わる―

●読むに当たっての工夫例
アイドルのポスターや写真などがあれば、それを黒板に貼り出す（担任が自分の写真を紛れ込ませるのも面白い）。なければ、好きなアイドルの名前を尋ねて板書してもよい。そしてひとこと、「かっこいい（かわいい）ねぇ。だけど、この人とずっと一緒にいたい？　ずーっと、ずーっと一緒に……」そして、静かに話に入る。

教室は、うわさのうずだった。

「なんかさあ、東京からくるみたいよ」

「奈美《なみ》がね、『モデルみたいにかっこよかった』って言ってたわよ」

わたしの教室五年二組は、今日、転校してくる男子の話題で持ちきりだった。とはいっても、盛り上がっているのは女子ばっかり。男子はちょっと違う。

「あのな、別にタレントが転校してくるわけじゃねえんだぞ」

「それに『かっこいい』っていうのは、うわさだろ?　あんがいオランウータン顔かもよ」

いっせいにわき起こる笑い。と、次の瞬間、その声がピタッと止まった。

「おい、先生が来たぞ。転入生をつれてきましたよ～ん」

ガタガタッと椅子が鳴って、みんなが席に着く。担任の荒川《あらかわ》先生は、厳しいので有名な男の先生だ。先生の前じゃ、いたずら坊主の男子たちも、ピシッと背中が伸びる。

「よっ、おはよう！」

「おはようございまーす」

先生が、いつものように勢いよく入り口を開けて入ってきた。そして、うわさの転校生も……。

一瞬、教室がシーンと静まりかえる。

「あ、かっこいい……」

たぶん真希《まき》の声だ。真希だけじゃない。あちこちでひそひそと、ないしょ話が始まった。

「はい、お待ちかねの転入生を連れてきたぞ。ほれ、自己紹介して」

ぶっきらぼうな先生のペースにとまどうこともなく、その転入生は一歩前に出た。

「高木祐介《たかぎゆうすけ》です。東京の世田谷区から来ました。どうぞよろしく」

それだけ言うと、その〝祐介〟とかいう転入生は、スラッとした体を折り曲げて、おじきをした。

「ええと、席は……。ああ、瑞季《みずき》の隣があいてたな」

えっ、わたしの隣？　瞬間的に顔がカッと熱くなる。

（いやだわたし、バカみたい）

転入生、いや祐介は、なんのためらいもなく歩き出し、わたしの隣の席に座った。

「ミリ子の隣だってさ」だれかの声がした。ミリ子……それは、わたしのあだ名。背が低いからミリメートルのミリ子。いやなあだ名……。

「よろしく。クラスのこと、いろいろ教えて」

整った顔立ちに、サラリとした髪。背が高くてスタイル抜群。本当に、モデルをやっていてもおかしくないほどだ。

「あ、――ええ、はい」

わたしは、そんな情けない返事しかできなかった。そしてもう一度、この転入生の顔をそっと見る。どこかで見たような……、ふと、そんな気がした。

（そうか、きっとテレビに出てくるだれかに似てるんだ）

本気でそう思えるほど、かっこいい転入生なんだ。

休み時間になった。〝うわさの転入生〟を一目見ようと、他のクラスの女子が、廊下側のドアから教室の中をしきりにのぞきこむ。

「ちょっと、人のクラスをのぞかないでよ。何かご用ですか！」

　気の強い由佳里《ゆかり》が、乱暴にドアを閉めた。

「転入生が、そんなに珍しいのかなぁ。ねえ、この学校は転入生って少ないのか？」

　いきなりそんなことを聞かれた。学校があるのは、栃木県の鹿沼市。転入生なら時々やってくる。

「べ、別にそうでもないけど」

　その時、由佳里たちの視線を感じて、わたしはあわてて席を立った。

「ちょっと委員会の仕事があるから」

　うそばっかり……。

　その日の放課後、祐介がとつぜんわたしに「一緒に帰ろう」って声をかけてきた。もうびっくり。どうも帰り道が同じ方向らしい。

「なぁ、この辺って冬になると、雪は降るのかい？」

言葉づかいが、なれなれしくなってる。わたしはわざとちょっと離れて歩いた。

「う、ううん、あんまり」

「そうかぁ。世田谷なんてめったに降らないもんな」

世田谷……、世田谷……。何か引っかかる。あっ、そうだ！

「思い出した。わたし、小さいころ、世田谷に住んでたんだっけ。まだ小学校へあがる前のことだから、よく覚えていないんだけど」

わたし、この時初めて、祐介の顔をまっすぐに見た。その目を見たら、なんだかすーっと吸い込まれそう。

「そっかぁ。じゃ、もしかしたら、どこかで会ってたかもね」

「えーっ、まさかぁ！」

わたしと祐介は、声をそろえて笑った。

（笑顔もいいな。なんか今日っていい日……）

と思ったそのとき、さっきと同じ視線があたしの背中に突き刺さった。

（由佳里……。それに真希も）★

みんな、わたしと祐介を見てた。電柱の陰なんかにかくれたって、すぐわかる。

「じゃ、わたしんち、こっちだから」

思い出橋のたもとで別れることになる。

「また、一緒に帰ろうな。あ、これお近づきのしるしに……」

そう言って祐介は、ポケットから星の形のキーホルダーを取り出した。

「えっ、もらっていいの？」

軽くうなずく。そっと受け取るわたし。すると祐介は「ふっ」と笑って走り出し、コンビニの角を曲がった。

（なんかキザなやつ。それにちょっとへんだよ、平気で女の子と一緒に帰るなんて。それも二人っきりで。うーん、だけどけっこういいやつかも）

いつの間にかとびっきりの笑顔になってる自分が、なんだか恥ずかしい。

「ちょっと、瑞季」

突然、由佳里と真希がわたしの目の前に現れた。

「あんたさあ、なんのつもり？　転入生のごきげんなんかとっちゃって」

由佳里の声には、どこか凄みがある。

「わ、わたしは別に。祐介の方から……」

あわてて右手で口を押さえた。

「祐介？　今日会ったばかりでもう呼び捨てなわけ？　ふうん、瑞季って、見かけによらず手が早いんだ」

真希が続く。

「おチビのミリ子は行動力で勝負ってとこか。行こう、行こう」

遠ざかる笑い声が、わたしの一番柔らかい部分にトゲを刺した。

聞きあきたあだ名……。

ついさっきまでの幸せな気分が、手を離した風船みたいに飛んでいく。

（だけど言われてもしかたないな。あんなにかっこいい祐介が、わたしのことなんていつまでも相手にするはずないわ。今は転校してきたばかりで、不安なだけ。それで隣の席のわたしに声をかけてきただけ）

そう思ったら、なんだか気分が重くなった。

次の日は土曜日。祐介と顔を合わせないですむことに、ホッとしているわたし。

「さーてと、ミリ子はよけいなことを考えないで、趣味の世界にでも没頭しましょう!」

わざと声に出して、そんなことを言ってみた。

「あらっ、水色がこんなに短くなってる。買いに行かなくちゃ」★

わたしの趣味はマンガを描くこと。ペンで描いた絵に色鉛筆で色をつけていくと、絵に命が吹き込まれていくような気がする。

「ちょっと、買い物に行ってきまーす」

わたしは、いやなものを振り払うようにして、外に飛び出した。

「うーん、気持ちいい青空!」

思わず走り出すわたし。薬屋の店先を、風のように走りぬける。と、そのときだ。

「あ、ゆ、祐介……君」

わたしは急ブレーキで止まった。

「なに、〝君〟なんかつけてんだよ。ぐうぜんだな、今、瑞季の家を探してたところなんだ。ちょうどよかった」

「わたしの家を？　どうして？」★

いきなり〝瑞季〟と呼び捨てにされたことにもちょっと驚いたけど、わたしの家を探してるなんて、もっと驚き。きょとんとしているわたしを見て、祐介は言葉を続けた。

「宇都宮のデパートで、アニメの原画展やってるんだ。おれ、その招待券をもらったから、一緒に行かないかな、と思って。おれ、アニメおたくなんだ」

うわーっ、なんて積極的なやつ。それにしても趣味まで似てるなんて……。返事に困っているわたしを見て、祐介は声のトーンを落として言った。

「明日の十時、思い出橋で待ってる。★おれ、瑞季と行きたいんだ」

それだけ言うと、祐介は手にしたチケットをひらひらさせて、走り去った。

（どうして？　どうしてあたしなんかと……）

わたしは、わけがわからなくなった。たまたま席が隣になっただけで、わざわざ家を探したりするだろうか。宇都宮は隣の市。そこへ行くには電車で行くことになる。わたしと二人きりで電車に乗って、デパートへ……。

わたしの頭からは、色鉛筆のことなんかとっくに消えていた。

その夜、わたしはなかなか寝つくことができなかった。いくら消そうと思っても、祐介の顔が浮かび上がる。

(バカねえ、わたしって。どうせすぐ飽きられるのに。それとも祐介、わたしをからかってるの? ……そうかもしれないな。あんなにかっこいい祐介が、わたしなんか本気で相手にするわけがないもの)

ガバッと頭からふとんをかぶる。自分に何度もバカとつぶやきながら、いつの間にか眠りに落ちた。


目覚まし時計が鳴る十分前に、目が覚めた。こんなことは珍しい。いつもなら、お母さんに起こされても、「あと五分」をくり返すわたしなのに。

十時少し前に、祐介はもう思い出橋に来ていた。

「やあ、なんだか待ちきれなくなって、早く来ちゃった」

そう言って、祐介は頭をゴリゴリとかいた。二人ならんで、鹿沼の駅に向かう。わたしにとって、初めてのデート。それも、こんなにすてきな祐介と。なんだか夢みたい。夢なら夢でもいい。そのかわりずっとさめないで……。

鹿沼駅から電車に乗る。サイフにつけたあのキーホルダーがちょっと照れくさい。

電車がゆれるたびに、祐介の肩がわたしの肩にふれた。背中から差し込む日の光が、電車の床に並んで座った二人の影を落としている。そんななんでもないことが、たまらなくうれしい。けれど、正面の窓ガラスに映った自分を見ると、ちょっとがっかり。だってわたし、どう見てもミリ子。祐介とじゃ、やっぱり釣り合いがとれないような気がして……。

(ま、いっか!)

わたしは気を取り直して、今のこの時間を思い切り楽しもうと思った。

宇都宮の駅までは、ほんの二十分ほど。できればもっと長く乗っていたい気もする。けれど、早く祐介と肩を並べて歩きたい気もする。

「ほら、ここだ。ここで原画展をやってるんだよ」

駅前のデパートに、「人気アニメ原画展」のポスターがあった。わたしがよく描くマンガとはちょっと違うキャラクターが並んでいたけど、そんなことはどうでもよかった。

「ほら、これ『ツーピース』のキャラだぜ。やっぱりうまいなぁ。あっ、こっちは『名探偵コラン』……」

祐介、すごく楽しそう。わたしはそんな楽しそうな祐介の横顔を見ているだけで、じゅうぶん幸せな気分になる。これってもしかして恋？★なーんてね。

わたしたちはこうして、午前中をたっぷり楽しんだ。

「さてと、瑞季も腹減ったろう？　おれもう、ペコペコ。一階に〝マクドナルホド〟があるから、そこで食おうぜ」

祐介って、スマートでかっこいいんだけど、言葉づかいはちょっと乱暴。そんな飾り気のないところがまたまたいいんだ。

ファッションコーナーを横切って、エレベーターに向かう。そのときだ。

「あれっ？」

わたしは思わず、小さく声を上げた。通り過ぎた大きな鏡。そこに映ったのは、わたしひとり。祐介の姿が映らなかった。一瞬の出来事だったから、よくはわからない。でも、そんな気がした。

（まさか。そんなはずないよ。気のせいね。そうよ、ただの気のせい）

わたしはそんな自分に苦笑した。

楽しい昼食。楽しい館内の散歩。そして楽しい帰り道。

「今日は楽しかったね」

「うん、楽しかった、とっても」

わたしと祐介は、いつもの思い出橋で手を振って、別れた。

★

「どうしたの瑞季。さっきからぼうっとしてて」

「ん？　べ、別になんでもないよ。おいしーい、このエビフライ」

夕食の手を止めて、「へんな子」と、お母さんが首を傾げた。

自分の部屋にもどってからも、わたしの頭の中は祐介のことでいっぱいだった。

（祐介、わたしの祐介……。たとえ今だけでもいい。からかわれているのだとしてもいい。一日でも長く、祐介と一緒にいたい）

生まれてから今までで、きっと一番幸せな夜だった。

次の日、わたしと祐介は何事もなかったかのように、学校生活を送った。昨日「教室ではぜったいに今日の話はしないようにしよう」と、二人で決めていたから。けれどその日の放課後……。

「瑞季、あんた昨日、どこへ行ったの?」

放課後、由佳里と真希の二人に呼び止められた。

「えっ、あ、ちょっと……」

「ちょっと、祐介とデートってことね。電車に乗って」

だれかが見ていたんだ。この三人のうちのだれか? それとも別の人?

「自分の顔を、鏡で見てみなさいっていうの! ちょっと転入生から声をかけられたからって、いい気になってるその態度が気に入らないんだよね」

「あんた、本気で祐介をゲットできたと思ってるわけ? バカじゃないの!?」

どうしてわたしが、こんなことを言われなくちゃならないの? わたしが何をしたっていうの？

「だまってないで、なんとか言ったらどうなのよ」

真希がドンとわたしをつきとばした。

「いたっ！」

地面に倒れこむわたし。その拍子に、右ヒザをしたたか打ちつけた。

「**やめろよ！**」

聞き覚えのある声……。

「あ、祐介！」

どこから現れたのか、そこには確かに祐介が立っていた。

「な、なによ。あたしたちはただ、瑞季と話をしてただけじゃない」

「うそつくんじゃないよ。★おれはずっと見てたんだ。瑞季に手を出すヤツは、男だろうと女だろうと許さないからな」

祐介の迫力に、由佳里たちは、何かブツブツ言いながらその場を立ち去った。

「だいじょうぶか、瑞季。★あっ、ヒザを打ったな。……やったのは真希か」

見ると、さっきの右ヒザが血でにじんでいる。ゆっくりと手を差し出す祐介。ちょっととまどったあと、その手につかまるわたし。

（冷たい！）★

その手は、びっくりするほど冷たかった。けれどそんなことはどうでもいい。

「ありがとう、祐介」

わたしが笑顔を見せると、祐介は意外なことを口にした。

「おれは、瑞季が好きなんだ。ずっと前から……。だから、瑞季を傷つけるヤツを、おれは許さない」

思ってもみなかった言葉に、一瞬目の前がクラッとした。

そしてわたしは聞き逃した。「ずっと前から」という、そのひとことを。

次の日、真希が欠席した。交通事故で入院したという。

「あて逃げだってさ。瑞季、あんたんちの車じゃないの？」

由佳里が、冷ややかな顔でそう言った。そしてまた次の日……。

「おい、今度は由佳里が入院だってよ」

「マンションの階段から落ちたんだって。いやだ、こわーい」

みんなが、そっとわたしの顔色をうかがう。そして、あちこちで交わされるヒソヒソ話。

「ねえ、二人とも、瑞季のことをからかってたよね。ということは、もしかして……」

そんな声を無視するように、わたしは努めた。

（ぐうぜんよ。そうに決まってるじゃない）★

そう自分に言い聞かせても、友だちはみんなわたしに近づいてこなくなった。まるで死神か貧乏神でも見るような眼で、わたしを見る。仲のよかった利香《りか》も亜由美《あゆみ》も……。

その日の帰り道、わたしはひとりぼっちだった。どうせだれも一緒に帰ってくれないならと、逃げるように教室から飛び出してきた。そのときだった。

「よう、ずいぶん早足だなぁ」

祐介だった。大きく息をはずませている。きっと、走ってわたしの後を追いかけてきたに違いない。そうだ、わたしには祐介がいたんだ。

「祐介はみんなみたいに、わたしのこと、気味悪いと思ってないの？」

「当たり前だろ。それよりこれでもう、だれも瑞季にいじわるをしなくなる」

祐介の目が、とつぜん険しくなった。

「**瑞季をいじめるヤツは、だれも許さない……**」

わたしはなぜか、背筋がゾッとした。

「それって……、どういう意味？」

と、祐介の方を向いたとき、わたしの心臓は〝ドクッ〟と音を立てた。

そこにはケーキ屋の大きなショーウインドーがあった。けれど、そこに映っているのはわたしひとり……。

（あ、あのときと同じ）

「ゆ、祐介、あなたっていったいなんなの？」

小さく息を吐いた後、少し唇をゆがめて祐介は言った。

「**おれはこの世の者じゃない。七年前に病気で死んだ。もっともっと生きていたかったのに**」

少しの間、沈黙があった。不思議なことに、わたしは〝恐怖〟をまったく感じなかった。むしろ、祐介への思いが、いっそう強くなっていくような気さえした。

（かわいそうな祐介……）

と、ふいに祐介がわたしの方に向き直った。

「**これからも、おれはずっと瑞季を守る！**」

そう言ってわたしの手をにぎる。悲しいくらいに冷たい手。そして祐介の姿はぼんやりと薄くなり、ゆっくり消えていった。


それから後も、祐介とわたしは何事もなかったように、学校生活を送った。「人のうわさも七十五日」というように、友だちもだんだんわたしのところに戻ってきた。由佳里も真希も退院し、もうだれもがあのうわさや出来事など、忘れ去ってしまったかのようだった。毎日楽しそうに過ごす祐介を見ていると、あの日の不思議な出来事は、夢か幻だったに違いないと思えてならない。いや、そうであってほしい。だって今でもこんなに胸が苦しい。ますます祐介のことが頭から離れなくなっていく。

（ああ、祐介。あなたがこの世の者じゃないなんて、うそよね。あの日のことは、きっと夢なのよね。祐介……、大好き！）

心のどこかでは、祐介がこの世の者でないことをわかっている。けれどそれでもいい。どんな祐介であっても、わたしは祐介から離れることはできない。★

ある日、わたしは母の化粧品でお化粧をした。少しでもきれいになりたい。もっともっと祐介に好かれたい。そんな思いで、ゆっくりとルージュを引いてみた。

「何、やってるんだ、瑞季！」

いつの間に帰ってきたのだろう。わたしの後ろには、かばんを持ったままの父が立っていた。今まで聞いたこともないような大声で、わたしをどなりつける。

「そんなくだらんことに時間を使うなら、もっと勉強しろ！」

父の怒りは、夕食の食卓にも持ち越された。

「小学生が化粧なんかして、いったいどういうつもりだ」

「もういいわよ、お父さん。わたしがお化粧道具を出しっぱなしにしておいたのもいけないんだから」

母が、父の怒りにブレーキをかける。けれどわたしには父が怒る気持ちも少しわかる。この頃、成績がどんどん下がっている。持ち帰るテストもひどい点数ばかり。あまりひどくて、カバンの中に眠ったままのテストだってある。家庭学習もほとんどやらなくなった。このままじゃいけないって、自分でも思っているんだけど……。

「この頃の瑞季は……」

そこまで言った父が、とつぜん胸を押さえた。

「く、苦し……」

「お父さん、お父さん、どうしたの？　大丈夫？」

しかし父は椅子から崩れ落ち、苦しそうに床をのたうち回った。急いで救急車を呼ぶ。★

外は雨。六月の夜空に、サイレンが鳴り響いた。

病院の廊下は、やはりどことなく陰気だ。「手術中」の赤いランプが、もう二時間もつきっぱなし。よくわからないが、父は心臓の病気だという。「急性心不全」たしか、そんな名前だった。母はうつむいたまま、何度も重いため息をついている。わたしも不安だ。ひとりっ子のわたしには、支え合い、励まし合える兄弟がいない。

三時間が過ぎた。ランプはまだ消えない。

「ちょっとトイレに行って来る」

わたしはショックで打ちひしがれている母を気遣いながら、ベンチを離れた。

「あれ？　おかしいな」

何度か行ったはずのトイレなのに、見つからない。どこまで行っても、トイレがない。同じような廊下を行ったり来たり、どこまでも歩く。

（こんなところで迷子になるはずがない）

ところどころの蛍光灯が、チカチカと消えそうな点滅をくり返す。★薄暗い。さっきまで、あんなにまぶしかった蛍光灯が、ぼんやりとした光しか投げかけてこない。★そのとき、わたしのうしろで声がした。

「**瑞季をいじめるヤツは、許さない**」

ふり向いたわたしは、大声を出してしまった。

「**祐介！**　やっぱり祐介なのね。**祐介がやったのね！**」

そう、わたしはそんな気がしていた。父が倒れたそのときから。

「違うの、祐介。悪いのはわたしなの。だから、お父さんを助けて、元にもどして！」

わたしの頼みを無視して、祐介は別の話を始めた。★

「おれを覚えていないのか？　世田谷で一緒に遊んだじゃないか。おれたちがまだ三歳か四歳の頃。おれ、瑞季から星形のキーホルダー、もらったんだ」

ハッとわたしの記憶がよみがえる。

（そうだ、世田谷にいた頃、お隣の男の子とよく遊んだ。名前はたしか〝ゆうちゃん〟）

「やっと思い出してくれたみたいだな。★そう、おれはあのときの〝ゆうちゃん〟。引っ越しするとき、あのキーホルダーを瑞季がおれにくれたんだ。それから二年後、おれは交通事故で死んだ」

とてもまともに信じられる話じゃない。だけど、目の前にいるのは、たしかにそのゆうちゃん、そして祐介。わたしはまるで魔法にでもかかったように、ただ祐介の話を聞くしかなかった。

「おれはもう、瑞季を離さない。離したくないんだ。まだほんの子どもだったあの頃から、おれはずっと瑞季が好きだった」

かった。

「あっ、あのときの言葉！」

以前、軽く聞き流した「ずっと前から」という祐介の言葉の意味、それが今、はっきりとわかった。

「**さあ、一緒に行こう。これからはずっと一緒だよ**」

わたしは一瞬、「このまま一緒に、祐介のいる世界に行ってもいい」と思った。けれどわたしには、母がいる。今、必死で手術に耐えている父がいる。友だちもたくさんいる。祐介と一緒に行くということは、わたしも死ぬということ。もしこのままわたしが死んだら、みんなはどんなに悲しむことだろう。

「ごめん、祐介。★わたし、★一緒に行けない……」

「**どうして？　瑞季だっておれのことを好きになってくれたじゃないか**」

わたしはあふれてきそうになる涙を懸命にこらえて、キッと顔を上げた。

「**だめ！**　祐介は、わたしの大切な人も殺そうとしてる。由佳里だって、真希だって、ケガをさせてほしいなんて頼んでないよ。祐介は本当のわたしの気持ちをわかってくれないんだよ。自分で勝手に決めて、人を不幸に陥れていく。そんなやり方に、わたしはついていけない。本当にわたしが好きなら、もうわたしから離れて！　**二度と現れないで！**」

「……**瑞季**」

悲しそうな祐介。わたしは必死に涙をこらえた。

（祐介、ごめんね。祐介、ごめんね）

本心じゃない。本当は、祐介についていきたい。でも、それはできないの。★

「……**わかったよ、瑞季。もう現れない。たった三か月だったけど、楽しかった。もう、おれに思い残すことはないや。さよなら、瑞季。ありがとう……**」

笑顔になった祐介が、フッと消えた。そのとたん、わたしの眼からは、ドッと涙があふれ出す。

「**祐介！**　どうして祐介はわたしと同じ世界の人間じゃないの？　こんなに好きなのに、こんなに大好きなのに！」

ワッと泣き伏したわたしの声が、薄暗い廊下に響き渡った。

「瑞季、**瑞季！**　お父さんの手術、**成功ですって！**」

母が、走り寄ってきた。

「そう……、よかったね、お母さん。大切な大切なお父さんだもんね。よかったね」

わたしと母は、抱き合って泣いた。ポケットからサイフが転がり出て、カチャンと軽い音を立てた。星のキーホルダーが、蛍光灯の光を白くはね返していた。

▲著者プロフィール

山口　理（やまぐち　さとし）

教員時代、“コワイ話”を駆使し、学級経営に役立ててきた。独自に考案した“コワイ話”のためのテクニック、環境づくりなどは、数え切れないほど。また、オリジナルの作品も100編を越えており、作家活動に入った現在も、レパートリーを広げている。

出版されている　コワイ話　も、『おまちどおさま』『のろいをまねく一輪車』『死神から買ったマフラー』（以上、岩崎書店）など、多数ある。

職業は作家。日本児童文学者協会理事。日本ペンクラブ会員。
また、本業以外にも、日本ブーメラン協会監事、日本くるま旅会員といった遊び人の肩書きをもつ。

〒278-0016　千葉県野田市二ツ塚461－8
URL-http://www.h4.dion.ne.jp/~sato-131

▲イラスト

さこやん

1962年、長崎県生まれ。グラフィックデザイナーを経て、イラストレーター、キャラクタープランナーとして、さまざまな分野で作品を発表している。児童書の作品に、『ゲームブック・忍者物語』シリーズ、『図鑑・日本の妖怪』『図鑑・世界の妖怪』（以上、偕成社）、『ようかい★たんていゲットマン』（岩崎書店）。挿絵、イラスト作品に、『占い魔女』シリーズ（岩崎書店）、『こども新聞』シリーズ（世界文化社）などがある。

子どもの心をつかむ21世紀の怪談
教室で語り聞かせるこわ～い話
2004年7月11日第1刷発行

著　者●山口 理©
発行人●新沼光太郎
発行所●株式会社いかだ社
〒102-0072 東京都千代田区飯田橋2-4-10 加島ビル
Tel. 03-3234-5365　Fax. 03-3234-5308
振替・00130-2-572993
印刷・製本　株式会社ミツワ
乱丁・落丁の場合はお取り換えいたします。
ISBN4-87051-151-7